AMRA

MANFRED MOHR

Jetzt trage ich dir nichts mehr nach

Vergebung schaffen
in 30 Schritten

Mit einem Vorwort
von Jana Haas

AMRA

Besuchen Sie unseren Shop:
www.AmraVerlag.de

Ihre 80-Minuten-Gratis-CD erwartet Sie.
Unser Geschenk an Sie … einfach anfordern!

Eine Originalausgabe im AMRA Verlag
Auf der Reitbahn 8, D-63452 Hanau
Hotline: + 49 (0) 61 81 – 18 93 92
Kontakt: Info@AmraVerlag.de

Herausgeber & Lektor	Michael Nagula
Einbandgestaltung	Guter Punkt
Layout & Satz	Birgit Letsch
Druck	CPI books GmbH

ISBN Printausgabe 978-3-95447-420-2
ISBN eBook 978-3-95447-421-9

Ebenfalls von Manfred Mohr bei uns erhältlich:
Vergeben Versöhnen Verzeihen. Frieden beginnt in uns selbst.
Neue Anwendungsformen der Herzenstechnik Ho'onopono

Alle hier vorgestellten Informationen, Ratschläge und Übungen sind natürlich subjektiv. Sie wurden zwar nach bestem Wissen und Gewissen geprüft, dennoch übernehmen Verfasser und Verlag keinerlei Haftung für Schäden gleich welcher Art, die sich direkt oder indirekt aus dem Gebrauch der Informationen, Ratschläge oder Übungen ergeben.

Im Text enthaltene externe Links konnten vom Verlag nur bis zum Zeitpunkt der Buchveröffentlichung eingesehen werden. Auf spätere Veränderungen hat der Verlag keinerlei Einfluss. Eine Haftung des Verlags ist daher ausgeschlossen.

Inhalt

Einführung von Jana Haas		7
Vorwort zur aktuellen Situation		11
Begrüßung zum Kurs		17
Weshalb du dieses Buch wie ein Bildhauer lesen solltest		22
TAG 1	Dein Startschuss zu einer neuen Sicht der Welt	25
TAG 2	Achte auf deine Gedanken	31
TAG 3	Das Bild von dir selbst	35
TAG 4	Schau in den Spiegel	39
TAG 5	Tat tvam asi	44
TAG 6	Thema Partnerschaft – Teil 1	48
TAG 7	Partnerschaft – Teil 2: Der Honeymoon Effekt	51
TAG 8	Das klassische Ho'oponopono	56
TAG 9	Dein Lebensbild	60
TAG 10	Vielleicht ist nur unser Denken falsch?	64
TAG 11	Die vier Sätze des Ho'oponopono	68
TAG 12	Die Kraft der Vergebung	72
TAG 13	Dir selbst verzeihen	77
TAG 14	Die Liebe entzünden	81

TAG 15	Wie die Liebe wirkt	85
TAG 16	Nur was du liebst, kannst du auch verändern	90
TAG 17	Typische Fragen	95
TAG 18	Herz und Schmerz	101
TAG 19	Die Rolle der Gefühle	105
TAG 20	Dein Herz befragen	109
TAG 21	Die doppelte Verständnistechnik	113
TAG 22	Deine Resonanz erkennen	117
TAG 23	Das Auto der Freundin	121
TAG 24	Die Motorrad-Tour	125
TAG 25	Weshalb verletze ich meinen Partner?	129
TAG 26	Kleine Wunder, die geschehen	134
TAG 27	Mit anderen hoppen	138
TAG 28	Ich und du und die Weltwirtschaftskrise	142
TAG 29	Die neue Dimension der Realitätsgestaltung	146
TAG 30	Dieser Kurs geht zu Ende – aber tut er das wirklich?	150

ANHANG

Feedback 152

Hilfen beim Üben 154

Bonus-Hoppen-Ergebnisse 156

1. Wenn ich das »Virus« wäre … 157
2. Das Schwein Veronika 158
3. Der Mann trinkt Alkohol 165

Bibliografie 169

Über den Autor 172

Liebe Leserinnen und liebe Leser,

Vergebung macht frei!
Vergeben kann nur, wer wahrhaft liebt!

➤ Jeder, der nach innerer Freiheit strebt, wird mit der Notwendigkeit konfrontiert, vergeben zu müssen. Erst diese Tugend ermöglicht wahre Weisheit und eine erhöhte Lebensqualität, denn sie erweitert unseren Horizont und ermöglicht tiefe Einsichten und Erkenntnisse. Dieses Wachstum der Persönlichkeit entspricht einem lebenslangen inneren Prozess, und je eher wir damit beginnen, umso besser wird es uns gehen.

Manfred Mohrs vorliegendes Buch *Jetzt trage ich dir nichts mehr nach* stellt uns vielfältige heilende Möglichkeiten zur Verfügung, die wir kennenlernen und so oft anwenden können, bis wir spüren, dass wir frei von quälenden und dunklen Emotionen geworden sind. Es hilft uns, intensive Erfahrungen zu machen, und das verdanken wir dem Autor, denn Manfred ist selbst einen intensiven Weg der Vergebung und Heilung gegangen und spiegelt authentisch den Weg der Liebe wider.

In den Härten des Lebens kann man schnell dazu neigen, die Tugend der Vergebung zu unterschätzen und zu vernachlässigen. Doch wer weiß, wie heilsam und wichtig diese Schwingung auch für unser Vorankommen später im Jenseits ist, der wird diese Seelenstärke zu Lebzeiten umso mehr zu schätzen wissen und aufbringen wollen.

Mein Wissen über den Sinn des Lebens, die jenseitigen Welten und die großen Wege, die unsere Seele durch die Leben nimmt, hat mir bei der Kultivierung von Liebe und Vergebung in meinem Alltag schon oft und ganz konkret geholfen. Als ich beispielsweise immer mehr in die Öffentlichkeit ging und meine Bücher, Vorträge, Seminare und Fernsehauftritte von immer mehr Menschen wahrgenommen wurden, konnte ich mich über zahllose positive oder interessiert neutrale Rückmeldungen und Zeitschriftenartikel freuen.

Doch immer wieder gab es auch Anfeindungen und negativ gefärbte Berichterstattung. Wobei »Berichterstattung« hier wohl nicht das richtige Wort ist, denn häufig wurde von Menschen über mich geschrieben, die schlicht und ergreifend keine Ahnung von dem hatten, worüber sie sich da öffentlich ausbreiteten. Als ich Mitte dreißig war, gab es beispielsweise einen sehr negativen Artikel über mich – von einer Journalistin, die sich weder meinen Vortrag angehört hatte noch je zuvor etwas von mir gehört, geschweige denn ein Buch von mir gelesen hatte. Sie nutzte mein Auftreten einfach als Gelegenheit, ihre eigene Negativität und ihren mangelnden Glauben in die Welt hinauszuposaunen. Der Artikel war richtiggehend bösartig, und ich war sehr empört – darüber, wie ein Mensch seine Macht derart ausnutzen und gegen jemanden lenken kann, den er nicht einmal kennt.

Diese Geschichte beschäftigte mich mehrere Tage lang. Ich hing in meinen Gedanken fest.

Schließlich kam ich jedoch darauf, dass ich es nicht länger zulassen wollte, dass ein fremder Mensch so über meine Gefühle bestimmt. Ich dachte an den Sinn des Lebens, meinen Seelenplan und den Weg der Seele nach dem physischen Tod. Mir fiel der Lebensrückblick ein, den auch ich eines Tages zusammen mit meinen Engeln vornehmen würde. Alle Emotionen, die dann noch aktiv schlummern und nicht verarbeitet sind, werden erneut angeschaut und müssen geklärt werden. Dieser Prozess ist sehr wichtig für das weitere Reifen und den Weg der Seele durch die himmlischen Dimensionen und später in eine nächste Inkarnation.

Vor diesem Hintergrund fragte ich mich nun, ob ich tatsächlich zulassen wollte, dass ich in meinem weiteren Leben und eventuell auch nach meinem Tod noch mit den Emotionen, die diese Journalistin in mir hervorrief, zu tun habe. Wollte ich mich wirklich weiterhin mit der Frau und ihrem Artikel herumärgern? Wollte ich noch mehr Zeit meines wertvollen Lebens zähneknirschend und verärgert verbringen, nur weil diese Frau diesen Artikel auf diese Weise verfasst hatte? Wollte ich ihr erlauben, mein Licht zu verdunkeln? Wollte ich ihr dermaßen viel Macht über mich geben? Ganz sicher nicht!

Schnell erkannte ich, dass ich der Frau vergeben musste. So entschied ich mich, jetzt gleich mit dieser Geschichte abzuschließen, um dann befreit weiterzugehen. Auch das war für mich ein Zeichen der Selbstliebe. Es war ja nur zu deutlich: Wenn es mich nach meinem Tod, wo die Seelenqualitäten betrachtet werden, nicht mehr interessierte, was irgendein Mensch irgendwann einmal über mich gedacht und geschrieben hat, dann war es auch nicht wichtig genug, mich jetzt dafür zu interessieren oder mich gar davon fesseln zu lassen. Ich konnte jetzt gleich damit abschließen und ein Vergebungsgebet sprechen. Dabei spürte ich innerlich: »Ich vergebe dir, denn du weißt nicht, was du tust.« Es war eine wertvolle Erfahrung für mich, und seither bin ich sehr viel eher dabei, allem zu vergeben, was mich ärgert und herausfordert … Ich lasse es erst gar nicht mehr dazu kommen.

Ich habe daraus gelernt, dass wir uns bei allen emotionalen Herausforderungen im Leben bewusst fragen sollten: »Wie lange will ich dieses Päckchen noch tragen?«

Wenn dich etwas ärgert oder jemand Wut, Trotz und Empörung in dir hervorruft, frage dich: Möchtest du zulassen, dass dich diese Geschichte, dieser Mensch in deinem weiteren Leben, vielleicht sogar noch im Jenseits, interessiert und beschäftigt? Möchtest du zulassen, dass dieses Geschehen, dieser Mensch so viel Macht über dich hat, dass du die ungeklärten Emotionen dein Leben lang mit dir herumtragen und selbst nach deinem Tod noch damit zu tun haben wirst?

Wenn du dies nicht zulassen willst, dann vergib! Sei es dir selbst wert zu lieben, zu vergeben und erfüllt von innerer Freiheit dein Leben zu genießen.

Ich wünsche dir sehr viel Freude auf deiner Lebensreise, viel Segen und himmlische Führung, und möge dieses wundervolle Buch von Manfred Mohr dir helfen zu vergeben und deinem Herzen zu folgen.

Jana Haas

Kreuzlingen/Schweiz

Krise und Neubeginn

»Wer will, dass die Welt so bleibt,
wie sie ist, der will nicht, dass sie bleibt.«
(Erich Fried)

➤ Während ich das hier schreibe, befinden wir uns in der zweiten Hälfte des Jahres 2020, in einer intensiven Zeit der Veränderung und des Wandels. Das Neue möchte werden, und das Alte und Bestehende muss nun immer mehr dem Neuen Raum und Leben schenken. Im Grunde befinden wir uns deshalb irgendwo in der Mitte dieses Wechsels, das Neue ist zur Hälfte da, das Alte noch zur Hälfte fortbestehend.

Für uns Menschen, die diesen Prozess miterleben, ist die aktuelle Phase erfüllt von Unsicherheit und Sorge. Wo geht der Neue Weg hin? Noch sehen wir nicht, wohin die Entwicklung uns führen möchte. Bekannte Strukturen, die uns Sicherheit gegeben haben, lösen sich langsam auf.

Der neue Rahmen, die neue Struktur, muss sich erst finden und schöpferisch ausbilden. Der ewige, alchemistische Vorgang des *solve et coagular*, des sich Auflösens und Verfestigens, verlangt nun wieder eine neue Transformation unserer Lebensumstände. Diesmal hat keine Naturgewalt oder Bankenverwicklung dafür gesorgt, nein, es war das Narrativ eines kleinen unscheinbaren »Virus«, der die Welt zum Stillstand und zum Ausatmen gebracht hat.

Wie wird die Neue Welt ausschauen, wenn das Räderwerk des Lebens wieder Fahrt aufnimmt? Wie werden wir es erleben, wenn die Welt wieder einatmet und ein neuer Zyklus beginnt? Noch wissen wir es nicht. Und doch, da wir ein Teil des kosmischen Geschehens sind, gestalten wir es, jeder für sich, ein winziges Stück weit mit. Jeder von uns kann etwas zur positiven Veränderung beitragen. Niemand ist »zu klein«:

»Falls du glaubst, dass du zu klein bist,
um etwas zu bewirken, dann versuche mal zu schlafen,
wenn eine Mücke im Raum ist.«
(Dalai Lama)

Astrologisch betrachtet war im Jahr 2020 der wichtigste Transit die Konjunktion von Pluto und Saturn im Steinbock. Von den möglichen Deutungen möchte ich besonders diejenige herausstellen, die den Saturn der bestehenden Struktur und den Pluto der Transformation zuordnet. Da Pluto noch dazu der Überzeugung, der Vorstellung und dem Glauben zugerechnet werden kann, findet der äußere Wandel gleichzeitig innerlich in den Köpfen der Menschen statt, in ihrem Denken und ihren Meinungen. Sozusagen auf allen Ebenen.

Wenn jetzt selbstverständlich eine gewisse Unklarheit bestehen muss, wie diese Wachablösung Alt gegen Neu sich vollziehen wird, hilft ein Blick in die Geschichte. Das letzte Mal, als Pluto in Konjunktion zum Saturn im Steinbock stattgefunden hat, war vor etwa 500 Jahren. Als wichtigsten

Moment der Geschichte findet sich, dass damals 1517 Martin Luther seine Thesen an die Kirchentür in Wittenberg genagelt hat. Es war der Beginn der Reformation, dem eine Spaltung der Gesellschaft in die beiden konkurrierenden Parteien katholisch (alt) und evangelisch (neu) folgte. Die Auseinandersetzung der beiden mündete in viele kriegerische Auseinandersetzungen, etwa den Dreißigjährigen Krieg. Schaut man genauer hin, ging es dabei um den »richtigen« Glauben, im Gegensatz zum »falschen«. Je nach persönlicher Meinung konnte dabei als »richtig« entweder der katholische, althergebrachte oder der neue, protestantische Gottesglaube herangezogen werden. Als neue Struktur entstand dabei die evangelische Kirche mit ihrem moderneren Glaubenssystem. Der Glaube (Pluto) hatte zur Veränderung (Pluto) der bestehenden Struktur (Saturn) geführt.

»Zu glauben ist schwer.
Nicht zu glauben ist unmöglich.«
(Victor Hugo)

Wo finden wir nun Parallelitäten zur aktuellen Zeit Ende des Jahres 2020? Bei der Suche nach einem Glauben hinsichtlich »richtig« und »falsch« stoßen wir rasch auf eine Vielzahl von Meinungen, die das Narrativ des »Virus« betreffen. Die öffentliche Diskussion ist so emotional aufgeladen, weil es hier schlichtweg um Leben und Tod geht, weshalb ich schon von einer Art Spaltung der Gesellschaft sprechen möchte. Auf der einen Seite stehen die treuen und solidarischen Bürger, die den Vorgaben der Politik bereitwillig folgen, auf der anderen Seite die skeptischen und kritischen Mitmenschen unterschiedlichster Couleur, die anderer Meinung sind, an etwas anderes glauben und andere Wege gehen möchten. Und dieser Riss geht durch alle Gesellschaftsschichten, durch Familien ebenso wie durch Firmen und den privaten Bekannten- und Freundeskreis.

»Glaube und Zweifel bedingen einander
wie ein- und ausatmen; sie gehören zusammen.«
(Hermann Hesse)

In die bestehende Situation hinein wird im zweiten Halbjahr 2020 der Mars in seinem Heimatzeichen Widder stehen und dabei unablässig Öl ins Feuer gießen. Der Mars steht hier besonders stark und bildet noch dazu bis Jahresende ein Quadrat zum Pluto/Saturn. Michael Allgeier hat in seiner Prognose für 2020 bereits darauf hingewiesen, in seiner jahrzehntelangen Praxis als Astrologe noch nie eine so spannungsgeladene Konstellation am Himmel erlebt zu haben.

Deshalb ist es auch besonders wichtig, dass jeder, der diese Zusammenhänge kennt, vor seiner eigenen Tür kehrt und viele kleine Dinge tut, im Sinne des Dalai Lama. Der Meinungsstreit und das Besserwissen lodern bereits genug, die Veränderung sollte nun in tolerante und verbindende Bahnen gelenkt werden. Diese Form von »heiligem Krieg der richtigen Meinung« kann niemand gewinnen.

»Es ist schwieriger, eine vorgefasste Meinung
zu zertrümmern als ein Atom.«
(Albert Einstein)

Jeder von uns ist deshalb genau jetzt dazu aufgefordert, positive, verbindende und harmonische Impulse in sein persönliches

Umfeld zu senden. Lasst es uns zu unserer Aufgabe machen bis zum Jahresende und gern auch darüber hinaus.

Als Hoffnungsschimmer wechselt dazu Saturn aktuell Anfang Dezember 2020 vom Steinbock in den Wassermann. Die Strenge des Steinbocks weicht damit langsam dem Veränderungswillen des Wassermanns, der das Wohl der Allgemeinheit im Sinn hat. Die bevorstehende Verwandlung muss nicht zerstörerisch oder kriegerisch ablaufen, die marsianische Energie kann ebenso gut abgeschwächter und natürlicher fließen, wenn die Herzen der Menschen offen sind in der Begegnung der Meinungen. Ich bin mir sicher, dass beide Seiten bestimmt nur das Beste wollen für ihre Familien, für ihre Partner, ihre Kinder und Bekannten. Das möchten wir doch alle. Das Motto der nächsten Monate sollte deshalb lauten: *Auch wenn du eine andere Meinung hast, so akzeptiere ich dich doch insgesamt als Menschen.*

Lasst uns Verständnis und Toleranz gegenüber Andersdenkenden üben. Lasst uns den ganzen Menschen sehen und nicht nur seine andere Meinung. Lasst uns These und Antithese verbinden zur Synthese, zum Neuen.

Mittel zu diesem Zweck gibt es genug. Da gibt es zum Beispiel die Gewaltfreie Kommunikation, die uns lehrt, mehr mit dem Herzen zuzuhören und aus dem Herzen zu sprechen, und da gibt es das wunderbare »work« einer Byron Kathie. Für mich ist das hawaiianische Vergebungsritual Ho'oponopono die am besten geeignete Methode, den anders denkenden Menschen in unser Herz zu nehmen, um in Frieden mit der vorhandenen Situation zu gelangen.

»Das Herz und nicht die Meinung ehrt den Mann.«
(Friedrich Schiller)

Jeder von uns kann etwas tun, ja er sollte es sogar. In nächster Zeit werden wir alle immer wieder vor die Wahl gestellt, uns zu entscheiden, wie wir mit anderen reden, wie wir uns austauschen und wie wir mit der Meinung anderer umgehen. Dort, wo uns der Verstand mit seinen Meinungen und Glaubenssätzen vom Mitmenschen trennen will, da verbindet uns das Herz immer aufs Neue. Lasst uns daher mehr auf die leise Stimme unseres Herzens hören und weniger auf das lautstarke Organ unseres Verstandes. Mitgefühl, Toleranz und Liebe möchten aus unseren Herzen fließen.

Jetzt sind sie alle drei besonders wichtig.

Begrüßung zum Kurs

➤ Herzlich willkommen zum Kurs *Jetzt trage ich dir nichts mehr nach – Vergebung schaffen in 30 Schritten.* In ihm möchte ich dir einen Monat lang das Vergebungsritual Ho'oponopono und die damit verbundene Sichtweise der Hawaiianer auf unsere Welt vermitteln. Der Kurs ist in 30 Kapitel unterteilt. Es ist so gedacht, dass du jeden Tag ein Kapitel mit ein wenig Hintergrundwissen und einer kleinen Übung absolvierst. Nach dem Motto: Der stete Tropfen höhlt den Stein.

Mit dem Belegen dieses Kurses hast du dem Universum deinen eindeutigen Entschluss signalisiert, dich mit dem Thema Vergebung wirklich und vertiefend zu beschäftigen. Den Kurs habe ich in den vergangenen Jahren immer wieder durchgeführt und dabei kontinuierlich verbessert. Sein Vorteil ist es, langsam aber stetig in dieses Thema einzutauchen und dabei deinem Gehirn Zeit zu geben, sich auf sehr natürliche Weise neu zu verdrahten. Wir lernen hier über einen Monat eine neue Form, in die Welt zu schauen, und die ständigen täglichen Impulse geben unserem Gehirn stets aufs Neue die Aufforderung, neu und anders zu denken. Irgendwann in diesen vier Wochen bilden sich dann neue Synapsen und Gehirnautobahnen aus und wir denken anders – das Ziel dieses Kurses ist erreicht! Wenn du die Welt verändern möchtest, beginne bei dir selbst!

Die 30 Lektionen kannst du jeden Tag einzeln durchlesen, einen Tag wirken lassen und dann wieder aufs Neue in die doch noch eher fremde Sichtweise der Hawaiianer einsteigen. Ich empfehle dir, jede Übung des Tages nach dem Lesen auch wirklich gleich durchzuführen und begleitend in einem Kursbuch oder deinem Tagebuch festzuhalten. Du wirst durch diese Übungen langsam eine neue Weltsicht erlangen. Dafür genügt es übrigens nicht, die Übungen nur zu lesen …

Es ist vielleicht empfehlenswert, diesen Kurs am Abend eines jeden Tages durchzuführen. Nimm dir deshalb am besten dafür immer eine gewisse Zeit. Natürlich kannst du den Kurs auch schon am Beginn eines jeden Tages einbauen, wenn du ein Frühaufsteher bist. Mach es so, wie du es möchtest.

Die einzelnen Texte jeden Tages sind kurz, aber prägnant. Im Laufe des Kurses werde ich dir immer wieder etwas Neues über die Weltanschauung der Hawaiianer erzählen, so dass dir ihre Sichtweise immer verständlicher wird. Mit der Zeit wird ein rundes Bild entstehen, bei dem du dich und deine Umgebung mit ganz neuen Augen betrachten kannst.

Ho'oponopono kenne ich jetzt seit fünfzehn Jahren. Meine Frau Bärbel und ich haben es damals laufend praktiziert. Dabei entstand im Freundeskreis eine verwandte, aber doch eigene Technik von uns beiden, die Bärbel dann etwas scherzhaft als »Hoppen« abgekürzt hat. Auch, um es vom »normalen« Ho'oponopono abzugrenzen. Für sie war es eine neue, noch stärkere Form des Bestellens. Deshalb wurde unser Buch aus dem Jahr 2008 dann auch folgerichtig betitelt: *Cosmic Orde-*

ring – die neue Dimension der Realitätsgestaltung aus dem alten hawaiianischen Ho'oponopono.

Ich werde dir in diesem Kurs beide Techniken vorstellen, sowohl das ursprüngliche Ho'oponopono als auch das Hoppen. Hoppen soll aber der Schwerpunkt sein.

Wie funktioniert das hawaiianische Ritual denn nun wirklich?

Ich muss gestehen: Auch mir bereitete der erste Kontakt mit der Idee des Ho'oponopono richtiggehend Kopfzerbrechen. Keine andere mir bekannte Herangehensweise ist dermaßen kompromisslos, denn der Satz »Alles ist mit allem verbunden« wird hier konsequent zu Ende geführt. Wenn ich mit jedem Menschen und überhaupt mit allem in dieser Welt untrennbar verbunden bin, dann muss ich doch in gewisser Weise auch dazu in der Lage sein, positiven Einfluss darauf zu nehmen. Alles, was ich dazu beim Hoppen tun muss: Jeden Teil, der mit einem bestimmten Problem in meinem Leben in Resonanz steht, zu lieben, ihm zu danken und ihn anzunehmen. Wie beim »Bestellen beim Universum« muss man es einfach einmal versucht haben, denn erst die eigene Erfahrung kann wirklich überzeugen.

Und der Erfolg gibt dieser Form des Verzeihens Recht!

Du wirst feststellen, dass dieses Seminar sehr persönlich ist. Bei der Technik des Hoppens wenden wir uns ganz nach innen und treten in Kontakt mit unserem Herzen. Deshalb habe ich von Beginn an die vertrautere Anrede des »Du« gewählt. Ich hoffe, dies ist in Ordnung für dich.

Nun noch kurz etwas zu den Inhalten:

Die ersten Tage führen dich langsam an die Sichtweise des Ho'oponopono heran.

Ab Tag 8 erfährst du dann mehr über das klassische Ho'oponopono in seinen verschiedenen Varianten.

Ab Tag 11 gehen wir immer stärker in Kontakt zum Herzen. Beim Hoppen geht es vor allem deshalb, dich in einer Form von Gebet an die Liebe im Herzen zu wenden, damit sie dein inneres Problem zu lösen hilft, das mit dem äußeren Problem in Verbindung steht. Hier wird anschließend auch die »Herzenstechnik« vorgestellt, bei der du dein inneres Problem in Liebe einhüllst.

Tag 17 ist den häufigsten Fragen gewidmet, die bisher zum Hoppen gestellt wurden.

Tag 20 und einige folgende Tage behandeln die doppelte Verständnistechnik, bei der wir uns fragen, wie dieses Problem eigentlich entstanden sein könnte. Diese Technik wird an mehreren Themen geübt.

An den letzten Tagen erfährst du unter anderem von kleinen Wundern, die beim Hoppen geschehen sind. Jeder, der diesen Kurs macht, wird schon bald über viele wundersame Erlebnisse berichten können, die ihm in den 30 Tagen begegnet sind.

Dieses Buch erscheint gegen Ende 2020, eines Jahres, das uns mit dem Auftauchen des »Corona-Virus« vor eine große Herausforderung gestellt hat. Jeder Einzelne von uns wurde dabei mit Gefühlen wie Sorge oder Ohnmacht konfrontiert. Ho'oponopono hat vielen Menschen dabei helfen können, gut durch diese herausfordernde Zeit zu finden. Denn ich kann immer mein Gefühl von Angst in mein Herz nehmen und es so lindern oder sogar heilen. In meinem Herz gebe ich mir alles, was ich brauche.

Ho'oponopono kann im Kleinen wie im Großen wirken. In der Corona-Zeit habe ich mich in einer Variante des Hoppens gefragt, wenn *ich* dieses »Virus« wäre, weshalb würde es mich geben, was wäre mein tieferer Sinn? Und ich habe dabei entdeckt, wie sehr ich mich im Hamsterrad meiner Arbeit verloren habe und nun, in einer Pause, wieder innehalten darf und ein Stück weit zu mir selbst finde. (Die ganze Antwort auf diese Frage findest du im Anhang zu diesem Buch).

Schließlich kann es mir gelingen, durch Ho'oponopono auch dann in meinem inneren Frieden zu bleiben, wenn Menschen unterschiedliche Meinungen haben, was den Umgang mit der Corona-Situation anbelangt. Ich kann den Teil in mein Herz nehmen, der unzufrieden mit den politischen Entscheidungen ist. Ich kann den Teil lieben, der in Resonanz mit Verschwörungstheorien ist. Jeder Einzelne von uns sendet unentwegt kleine Impulse aus, die zur Gesamtsituation beitragen. Durch die Praxis des Ho'oponopono werden unsere Beiträge friedlicher und entspannter. Denn jeder noch so gute Kampf gegen etwas trägt den Keim des Konfliktes in sich. Der Friede beginnt bei uns selbst, bei jedem von uns.

Viel Spaß beim Üben,
Verzeihen und Lieben wünscht

Manfred Mohr

Weshalb du dieses Buch wie ein Bildhauer lesen solltest

➤ Meine Kinder sind nun gerade volljährig geworden und zeigen mir mit ihrer Entwicklung, wohin die Reise in den kommenden Jahren wohl gehen wird, was persönliche Weiterbildung und Informationsvermittlung angeht. Als zum Beispiel mein Sohn kürzlich auf meinem Computer ein neues Windows-Betriebssystem einrichtete, nutzte er dazu eine ganze Reihe sogenannter Tutorials aus dem Internet. Das sind kleine Videos, in denen alle anstehenden Fragen und Probleme zu diesem Thema für den Ratsuchenden besprochen werden. Heutzutage gibt es Filmchen dieser Art zu so ziemlich allen Fragen, die gestellt werden können. Und mit Hilfe von Google findet man sie auch recht schnell im weltweiten Netz.

Zugegeben, das Internet hat seine Berechtigung. Und doch hat auch ein Buch noch immer seine Vorteile. Es ist für mich durchaus vergleichbar mit der Erfindung des Fernsehens, wonach viele Pessimisten unkten, das Kino habe seine Daseinsberechtigung verloren. Wie sich aber gezeigt hat, gibt es das Kino weiterhin. Es ist zu einem besonderen Event geworden, das sogar eine spezielle Wertschätzung erfährt.

In diesem Vergleich ist der Stellenwert eines Buches für mich ähnlich hoch wie ein Kinobesuch. Ja, es gibt eine Vielzahl von Informationen, die heute nur einen Tastendruck weit entfernt sind. Aber es ist etwas Besonderes, in ein Buch einzutauchen, um sich einem Thema tiefer und bewusster zu widmen. Deshalb finde ich, zum Zweck des Erlernens der hawaiianischen Vergebungstechnik ist ein Buch weitaus effektiver. Und das gerade, wenn es um diesen 30 Tage dauernden Weg geht, den wir hier gemeinsam beschreiten wollen. Denn in ein Buch kann ich hineinschreiben, ich kann es überallhin mitnehmen, ich kann damit an diesem Thema arbeiten, vielleicht so ähnlich, wie es ein Bildhauer tut, der eine Büste tagelang hingebungsvoll bearbeitet. Von Michelangelo ist das Zitat überliefert, dass er die Skulptur des weltberühmten David sehr einfach behauen konnte, denn der David sei im Marmor schon immer vorhanden gewesen, er habe nur den überflüssigen Stein entfernen müssen.

In ähnlicher Weise bitte ich dich, das Thema Ho'oponopono als Marmorblock zu sehen, den wir hier über 30 Tage immer wieder neu bearbeiten, ergründen und verstehen werden. Es ist eher eine stille Tätigkeit, ähnlich dem, wie ein Bildhauer in seinem Atelier ganz für sich schaffend wirkt. In gewisser Weise kehren wir dabei in uns selbst ein, und der Marmorblock steht symbolisch für unsere alten Denkweisen und Glaubensmuster, dir wir hier Schritt für Schritt betrachten, neu ordnen und in zeitgemäßer Form wieder zusammensetzen. Ho'oponopono zu praktizieren bedeutet, bereit zu sein, an uns selbst zu arbeiten. Immer, wenn du in dieses Buch schaust, gehst du in dein inneres Atelier, um deine innere Gestalt, deine innere Skulptur, neu und anders kennenzulernen.

Diese innere Arbeit wird weitergehen, wenn du das Buch zur Seite legst. Das Thema Ho'oponopono wird dich weiter beschäftigen, auch in deinem normalen Alltag. Wenn du dann wieder in dieses Buch eintauchst, wirst du es sicherlich bald mit anderen Augen lesen als zuvor.

So, wie du nie zwei Mal in den gleichen Fluss steigen kannst, wirst du auch dieses Buch immer neu und anders verstehen können. In der Sichtweise der Hawaiianer ändert sich ein Buch, das bei dir jahrelang im Schrank steht, wenn der Autor sich verändert. Scheinbar ist es noch derselbe Einband, und es enthält dieselben Seiten, die denselben Text tragen. Und doch ändert sich das Buch, sozusagen »zwischen den Zeilen«. Genauso ändert sich der Leser natürlich ebenfalls. Auch wenn du und dein »Marmorblock« rein äußerlich betrachtet dieselben zu bleiben scheinen.

TAG 1

Dein Startschuss zu einer neuen Sicht der Welt

➤ Beginnen wir diesen Kurs doch einfach mit der häufigsten Frage, die sich wohl jeder zu Beginn der Arbeit mit Ho'oponopono stellt: Was bedeutet dieses merkwürdige Wort eigentlich?

»Ho'o« heißt – aus dem Hawaiianischen übersetzt – so viel wie »tun« und »pono« in etwa »richtigstellen« oder »richtig«. Wende ich die Technik des Ho'oponopono an, dann mache ich etwas, um selbst wieder »richtig« zu werden oder um etwas in mir, in meinem Inneren, »richtig zu stellen«. Im Laufe dieses Kurses werden wir uns immer weiter zum Kern dieser hawaiianischen Technik vorarbeiten, so langsam, dass hoffentlich jeder Teilnehmer es für sich auf seine Weise verstehen kann.

Ganz grundsätzlich arbeiten wir beim Ho'oponopono deshalb nur mit uns selbst. Der andere Mensch da draußen, mit dem wohl jeder von uns hin und wieder seine Probleme hat, darf so bleiben, wie er nun einmal ist. In der Betrachtung der Hawaiianer ist er nur mein Sparringspartner, der eine Aufgabe mit sich bringt, an der ich wachsen und mich verbessern kann. Die Frage, die sich stellt, lautet: »Ist dieser andere Mensch wirklich so ein Volltrottel oder bin ich einfach noch nicht in der Lage, angemessen mit ihm umzugehen?«

Verraten sei hier schon einmal, dass ein handelsüblicher Trottel sich erfahrungsgemäß nicht um ein Jota verändert, wenn ich ihm ununterbrochen das Siegel »Idiot« anhefte. Er soll sich verändern? Dann beginnen wir doch am besten bei uns selbst – das ist der Schlüssel!

Einen ersten Ansatzpunkt zum näheren Verständnis des Ho'oponopono liefert uns in unserem Kulturkreis die Weisheit der Mystiker aus dem Mittelalter. Wir müssen nämlich eigentlich gar nicht so weit reisen, um auch vor unserer Haustür sehr ähnliche Gedankengänge zu entdecken. Deshalb ein kleiner Einblick in die Denkweise unserer Mystiker. Beginnen wir doch einfach mit:

> *Unsere Außenwelt ist nur ein Spiegelbild unserer Innenwelt.*

Meister Eckhart sagte es sehr treffend in seinen verschlüsselten Worten: *»Wie außen, so innen; wie innen, so außen.«*

Er bezieht sich dabei auf das zweite und damit eines der wichtigsten der sieben hermetischen Gesetze, die da lauten:

1. *Das All ist Geist, das Universum ist geistig. (Prinzip der Geistigkeit)*
2. *Wie oben, so unten, und wie unten, so oben. Gesetze, die für die Materie gelten, gelten auch für Geist und Seele, und umgekehrt. (Prinzip der Entsprechung)*

3. *Nichts ruht, alles bewegt sich, alles schwingt. (Prinzip der Schwingung)*
4. *Alles ist zweifach, alles besteht aus einem Paar von Gegensätzen. Gleich und ungleich ist dasselbe. Gegensätze sind ihrer Natur nach identisch, nur im Grad verschieden. (Prinzip der Polarität)*
5. *Alles fließt. Alles hat seine Gezeiten. Rhythmus gleicht aus. (Prinzip des Rhythmus)*
6. *Jede Ursache hat ihre Wirkung. Jede Wirkung hat ihre Ursache. (Prinzip von Ursache und Wirkung)*
7. *Geschlecht ist in allem. Alles hat sein männliches und sein weibliches Geschlecht in sich. (Prinzip des Geschlechts)*

Das Zweite Prinzip, das *Prinzip der Entsprechung*, wollen wir uns zu Beginn dieses Kurses näher anschauen: Immer sind wir in Beobachtung unserer Außenwelt. Wir sehen die Dinge, die im Laufe des Tages geschehen, wie sie im Fluss der Zeit an uns vorüberziehen. Ein wenig ähnelt dieses Bild dem Besuch eines Kinofilms: Wir schauen ins Leben wie auf eine Leinwand und verfolgen die Abenteuer des Hauptdarstellers mit Spannung und großer Anteilnahme. Das Prinzip »wie außen so innen« besagt nun, dass wir unseren eigenen Lebensfilm durch unsere inneren Zustände mitgestalten. Unser Inneres wird aber geprägt durch die dort ablaufenden geistigen und seelischen Vorgänge. Das sind unsere Gedanken und Gefühle.

Zu einem Großteil sind uns diese Abläufe im Inneren nicht bewusst, sie entspringen unserem Unterbewusstsein, aber sie haben – wie das Sechste Prinzip erläutert – eine Wirkung: Sie werden die Ursache für im Außen ablaufende Vorgänge.

Kleine humoristische Randbemerkung: Unser Kaiser, besser bekannt als Franz Beckenbauer, und seinerseits Lichtgestalt des deutschen Fußballs, hat uns in seiner unerschöpflichen Sprachvielfalt ebenfalls einen tiefenphilosophischen Merksatz zu diesem Thema überliefert: »Der Grund war nicht die Ursache, sondern der Auslöser.« Wem jetzt der Kopf brummt, der vergegenwärtige sich die Sinngleichheit der drei verwendeten Wörter …

Aber zurück zum Spiel: Beim Ho'oponopono nutze ich die Aussage »wie innen so außen« wie eine mathematische Gleichung. Ich setze *innen* mit *außen* gleich: »innen = außen«. Durch das Gleichheitszeichen sind Innenwelt und Außenwelt nun fest verbunden. Um eine positive Veränderung in meinem Außen herbeizuführen, arbeite ich darauf hin, mein Inneres, meinen inneren Zustand, zu verbessern. Das Außen folgt dann auf dem Fuße, wie dir deine eigene Erfahrung zeigen wird. Dazu gibt es beim Ho'oponopono verschiedene Techniken, die ich dir während dieses Kurses noch näher vorstellen werde. Im Laufe der Zeit und der praktischen Anwendung werden es übrigens immer mehr.

Nun gleich zur ersten Übung!

Der Ansatz lautet, deine Gedanken und Gefühle spielen eine große Rolle dabei, was im Verlauf des nächsten Tages geschehen wird. Dies ist vorerst nur eine These, die du selbst mit Leben füllen darfst. Erst wenn du wirklich die Erfahrung eines Zusammenwirkens von innerer mit äußerer Wirklichkeit erlebt hast, wirst du es tatsächlich glauben.

Und das möchte ich gern erreichen.

Übung: *Ein Experiment*

Geh in Gedanken die Zeit durch, bis du morgen zum zweiten Tag dieses Kurses kommen wirst. Bis dahin hast du ungefähr 24 Stunden Zeit. Geh diese Wegstrecke einmal durch. Blicke in deinen Terminkalender. Was liegt an? Was wird geschehen? Welche speziellen Herausforderungen werden sich dir in dieser Zeit stellen? Wobei hast du schon jetzt beispielsweise Angst zu versagen oder etwas falsch zu machen? Hast du vielleicht in deiner Firma eine Präsentation abzuhalten? Steht ein wichtiges Gespräch an, etwa mit deinem Vorgesetzten oder einem Kollegen? Sollte dies nicht der Fall sein, kannst du dir auch wahlweise vornehmen, ein Gespräch mit deinem Partner oder deinem besten Freund zu führen, bei dem du ein Problem zwischen euch ansprichst. Bist du vielleicht in Sorge, ob das Treffen oder das Gespräch dann wirklich zufriedenstellend und harmonisch ablaufen wird?

Entscheide dich für eine ganz bestimmte Herausforderung. Wenn du keine findest, dann wähle das Gespräch mit deinem Partner oder Freund. Du kannst ihn einfach anrufen, wenn du ihn in den nächsten 24 Stunden nicht persönlich treffen kannst. Beginne gern einfach mit den Worten: »Also, ich mache da gerade so einen Kurs, magst du mir bei meiner heutigen Hausaufgabe helfen?«

Nun, wo du diese Situation vor Augen hast:

Wie sind deine Gefühle, deine Gedanken im Hinblick darauf, was geschehen wird? Hast du Angst zu scheitern oder bist du zuversichtlich, dass alles prima und glatt laufen wird? Mach dir dazu doch einfach Notizen in dein Tagebuch, sozusagen ein »Gedanken- und Gefühle-Protokoll«.

Und jetzt – frohes Üben! Ich wünsche dir einen gut gelingenden ersten Übungstag, da draußen – im täglichen Leben!

NOTIZEN

TAG
2

Achte auf deine Gedanken

➤ Na, wie ist dein Termin verlaufen? War das Gespräch erfolgreich? Kannst du feststellen, wie deine Gefühle und Gedanken in den Verlauf des Treffens oder des Telefonates mit hineingespielt haben?

Meine Erwartungen haben einen Einfluss auf zukünftige Ereignisse in meinem Leben. Im Englischen spricht man von der »self-fulfilling-prophecy«, der sich selbst bestätigenden Prophezeiung.

Wenn ich immer Angst habe, dass in mein Haus eingebrochen wird, dann wird das eines Tages auch geschehen und ich werde verkünden: »Das hab ich ja immer schon befürchtet!«

Wenn meine Gedanken und Befürchtungen nur stark und anhaltend genug sind, werden sie Realität.

Der indische Talmud kennt diesen Zusammenhang bereits seit Tausenden von Jahren und beschreibt ihn auf die folgende Weise:

Achte auf deine Gedanken, denn sie werden Worte!

Achte auf deine Worte, denn sie werden Handlungen!

Achte auf deine Handlungen, denn sie werden Gewohnheiten!

Achte auf deine Gewohnheiten, denn sie werden dein Charakter!

Achte auf deinen Charakter, denn er bestimmt dein Schicksal!

Diese Sätze sind wiederum nur eine andere Beschreibung der kurzen Formel »Wie innen so außen«.

In unserem Buch *Fühle mit dem Herzen* beschreiben Bärbel und ich diesen Zusammenhang genauer. Dein Grundlebensgefühl und deine Grundeinstellung dem Leben gegenüber wirken sehr stark auf Geschehnisse in deiner Realität ein. Dein Unterbewusstsein hört dir bei allem, was du sagst, immer gut zu und verstärkt, was du selbst über dein Leben erzählst. Etwa: »Immer geschieht mir so etwas Dummes. Ich habe einfach kein Glück.«

In dem Buch wird außerdem erklärt, wie allein mit Worten sowohl Gewohnheit als auch Charakter geformt werden kann. Menschen, die andauernd kundtun, wie schlecht es ihnen geht und wie übel das Leben ihnen mitspielt, haben damit nicht nur eine große Wirkung auf sich selbst, sondern ebenso auf die Menschen in ihrer Umgebung.

Mit der Zeit erhalten sie sogar einen Spitznamen, wie Bob, der von allen Freunden nur mehr »armer Bob« genannt wird oder »Bob, der immer nur jammert, Bob, der immer Pech hat«. Und alle Freunde erwarten gemeinsam mit Bob, dass schon bald die nächste Katastrophe über ihn hereinbricht. Bob verstärkt durch seine Worte die negative Meinung der Menschen über ihn. Die umgebenden Personen wirken also immer auch mit ein auf die Entstehung der Realität eines Menschen. Unsere Umwelt nimmt großen Einfluss auf uns – selbst in dieser Hinsicht!

Zur Abfrage deiner (oft unbewussten) Meinung über dich selbst dient die Übung für den heutigen Tag. Die Auflösung gibt es dann morgen. Beantworte die drei Fragen bitte sehr spontan und am besten, ohne viel darüber nachzudenken.

Übung: *Dein Lieblingstier*

Stelle dir bitte die folgenden drei Fragen und schreibe die Antworten in dein Tagebuch. Sei dabei so ausführlich wie möglich! Lass die Antwort einfach fließen. Vielleicht bist du dann selbst überrascht davon, welche Antwort sich einstellen wird.

1. Welches ist dein Lieblingstier? Stell dir das Tier vor deinem geistigen Auge vor und frage dich genau, was du an ihm so toll findest!
2. Welches ist dein zweitliebstes Tier? Welche Eigenschaften magst du an ihm ganz besonders? Beschreibe sie bitte im Detail.
3. Welches ist dein drittliebstes Tier? Was ist so toll an seinem Verhalten? Schreib es auf, mit so vielen farbenfrohen Einzelheiten wie möglich.

Viel Spaß, und hoffentlich bist du neugierig auf die Lösung!

Bis morgen!

NOTIZEN

TAG
3

Das Bild von dir selbst

➤ Hallo! Willkommen zurück zum dritten Tag des Kurses! Hast du dir deine drei Lieblingstiere aufgeschrieben? Nun also hier die Auflösung:

Tier 1 – dein vorrangiges Lieblingstier – ist dein Bild von dir selbst. So wie du dieses Tier beschreibst, so würdest du dich selbst beschreiben. Dieses Tier bist du selbst. Schau dir also an, weshalb du es so magst, wie hast du es genauer charakterisiert?

Tier 2 – das zweitliebste Tier – ist das Bild, von dem du denkst, dass andere es von dir haben. So, wie du Tier 2 beschreibst, glaubst du, dass andere dich sehen. Wie kommst du dabei weg?

Tier 3 – dein drittliebstes Tier – ist dein Idealbild von dir. So, wie du Tier 3 schilderst, wärst du gerne selber, in deiner idealisierten Vorstellung. Wie gefällst du dir selbst dabei?

Also, wie siehst du dich selbst? Lassen wir diese drei Bilder erst einmal wirken. Findest du dich in den Beschreibungen ein Stück weit wieder? Schreib dir am besten eine kleine Stellungnahme als Auswertung hinter die Eintragungen in deinem Tagebuch.

Das Bild, das du von dir selbst hast, wird also stark von anderen Menschen mitgeprägt. Deine Umgebung wirkt durch ihre Meinung ständig auf dich ein. Aber auch du gibst an die Menschen in deiner Umgebung durch dein Verhalten und deine Äußerungen immer wieder neuen Input darüber weiter, wie du selbst bist.

Bei dieser Übung ist es besonders wichtig, dass du dir klarmachst, wie sehr du selbst mit deinen Gedanken und Gefühlen auf andere Menschen einwirkst.

Gestern habe ich dir das Bild vom »armen Bob« beschrieben, um dir zu zeigen, dass sich dieser Bob durch seine negativen Erzählungen immer wieder an seine Umgebung sozusagen »schlecht verkauft«. Je ärmer, erfolgloser, »schlechter« er sich selbst darstellt, umso »schlechter« denken dann auch die anderen Menschen über ihn.

Es passiert eine Art Rückkopplung, bei der seine negativen Äußerungen auf ihn selbst zurückwirken.

Ich selbst durfte in dieser Hinsicht eine spannende Erfahrung machen: Eines Tages hatte ich den Entschluss gefasst, von Köln nach München zu übersiedeln, um mit Bärbel eine Familie zu gründen. Dabei veränderte ich zwangsläufig mein gesamtes Umfeld. Beruf, Freunde und Nachbarn ließ ich in Köln zurück, um mich in München neu zu »erfinden«. Mein Kölner Umfeld hatte ein bestimmtes Bild von mir und viele meiner Freunde nannten mich »Manni«. In München stellte ich mich natürlich allen mit »Manfred« vor, und dabei blieb es dann auch. Ich war nicht mehr der »kleine« Manni, sondern wurde zum Vater und Familiengründer Manfred, was eine ganz andere und stärkere Wirkung hatte.

Nun kommt aber die andere Seite der Medaille des »armen Bob« zur Sprache: Auch du hast bestimmte Vorstellungen davon, wie die Menschen deiner Umgebung sind, die du meistens schon länger kennst. Bei der nächsten Übung schauen wir uns die Menschen, die dir nahestehen, einmal genauer an.

Übung: *Dein Soziogramm*

Schreibe die Vornamen der Menschen, die dir besonders wichtig sind, in dein Tagebuch. Schreibe deinen Namen dazu in die Mitte des Blattes und platziere dann die Namen von etwa 10 dieser Menschen außen herum. Setze dabei die liebsten Menschen nahe zu deinem Namen, und Freunde, die dir nicht so nahestehen, etwas weiter weg. Mach sozusagen ein Ranking deines aktuellen Beziehungsgeflechtes, in dem du lebst. Wenn du dieses Soziogramm deiner sozialen Kontakte über Monate und Jahre in deinem Tagebuch verewigst, hast du nebenbei auch später einen Überblick, wer dir über die Jahre eng verbunden war. Schauen wir uns einmal den aktuellen Zustand an …

Jetzt zum zweiten Teil der Übung:

Wie siehst du diese anderen Menschen aktuell? Erstelle dir in deinem Tagebuch eine Positiv-Liste der 5 wichtigsten Menschen in deinem Leben: Was findest du an ihnen lobenswert? Weshalb bist du mit diesen Menschen befreundet? Was ist ihre größte Stärke? Was können sie besonders gut?

Bis morgen!

NOTIZEN

TAG 4

Schau in den Spiegel

➤ In der modernen Quantenphysik spricht man heutzutage gern vom »Beobachter-Universum«. Dieser Begriff geht auf den Nobelpreisträger John Wheeler zurück. Er war der Überzeugung, dass wir schon durch den bloßen Akt des Zuschauens Einfluss auf die Welt nehmen. Dies bedeutet, ein Mensch, der etwas anschaut, wirkt gleichzeitig auf das, was er beobachtet, ein. Wir haben eine sehr erstaunliche Kraft in uns, die Dinge durch unser Dasein zu verändern und erst zu dem zu machen, was sie für uns sind.

In der Forschung hat man dies ebenfalls schon bemerkt. Hier kennt man den sogenannten »Versuchsleiter-Effekt«, der besagt, dass ein Forscher durch seine Erwartungshaltung das Ergebnis des Experimentes unmittelbar beeinflusst. Rein durch die Beobachtung!

Wenn ich erwarte, bei einem Versuch ein bestimmtes Ergebnis zu erzielen, dann ist die Laboranordnung so freundlich und liefert mir genau dies.

Während wir also die Welt betrachten, nehmen wir nicht nur Informationen darüber auf, wie sie ist. Nein, wir geben dabei auch Informationen in die Welt hinein, wie wir erwarten, dass sie zu sein hat. Zum Beispiel, dass Bob eben »arm« ist.

Beim Ho'oponopono verändere ich meine Weltsicht, und allein dadurch eröffnet sich schon die Möglichkeit, dass sich auch die Welt verändern kann. Da die meisten meiner Glaubenssätze, wie die Welt ist und zu sein hat, unterbewusst verankert sind, komme ich mit meinem normalen Tagesbewusstsein kaum oder gar nicht an diese Ebene heran. Ho'oponopono, in seiner ursprünglichen hawaiianischen Art, wendet sich deshalb an eine höhere Ebene.

In einer bestimmten Form von Gebet wenden wir uns an Gott oder den Heiligen Geist, um unser »falsches Denken« zu korrigieren. Die Veränderung unseres Inneren verändert durch die Anrufung dieser höchsten Instanz auch unsere äußere Umwelt zum Besseren. Bald schon – in zwei Tagen – kommen wir zur ersten Anwendung dieser hawaiianischen Vergebungstechnik.

Vorher schauen wir uns aber noch die Übung von gestern an:

Sieh dir noch einmal deine Notizen durch: Wie hast du die Menschen eingeschätzt, die dir nahestehen? Und denke daran: Durch das »Beobachten« deiner Freunde und Bekannten wirkst du auf sie ein!

Die Übung von gestern ist eine besondere Art des »Genie-Erkennungsspiels«. Bärbel hat es gern im Lebensfreudeseminar mit den Teilnehmern gespielt. Dabei betrachten wir besonders die Stärken der Menschen, die uns umgeben. Der Clou ist, dass wir dabei immer in einen Spiegel blicken. Zwar sehen wir uns nicht selbst, aber wir sehen uns »verdreht«, sozusagen spiegelverkehrt. Der große Schweizer Psychologe C. G. Jung sprach in diesem Zusammenhang vom Schatten, den wir an uns nicht wahrnehmen können und den wir deshalb auf den anderen Menschen übertragen.

Das Schöne ist: Das Gute, das in uns selbst vorhanden ist, übertragen wir genauso auf den anderen, wie wir das »Schlechte« auf den anderen projizieren, das eigentlich ebenfalls Teil von uns selber ist.

Also: Schau dir die Liste der guten Eigenschaften an, die du an deinen Freunden und liebsten Bekannten entdeckt hast! Sie alle kannst du nur sehen, weil sie ein Teil von dir selbst sind. Diese guten Anteile stehen in Resonanz zu dir, denn deine gute Schwingung hat genau diese Menschen in dein Leben gezogen. Gerade die Menschen, die dir nahestehen, haben eine große Resonanz mit dir. Jedes Lob, das du ihnen zollst, gibst du dir selbst!

Es ist das grundlegendste Prinzip des Ho'oponopono:

Du stehst immer in Resonanz mit deiner Umwelt. Alles was in deinem Leben geschieht, hat mit dir selbst zu tun, auch wenn wir das überhaupt nicht verstehen können. Deshalb lautet die gute Nachricht:

Verändere dich und du veränderst die Welt!
Deine Resonanz wirkt immer!

Bei der heutigen Übung nähern wir uns nun unseren Schattenseiten, die wir nicht sehen wollen, die aber unablässig für Probleme in unserem Leben sorgen können.

Übung: *Schattenseiten*

Schreib diesmal eine Liste der schlechten Eigenschaften deines Beziehungspartners, deines Mannes oder deiner Frau in dein Tagebuch. Falls du allein lebst, nimm deinen Expartner. Du kannst wahlweise auch Fehler und Schwächen deiner Mutter oder deines Vaters beschreiben. Was ist es, was dich an deinem Partner am meisten stört oder gestört hat? Wie ist/wie war deine Beziehung? In welchem Bereich gibt/gab es immer wieder Probleme?

NOTIZEN

TAG
5

Tat tvam asi

➤ Was die moderne Physik mit ihren wissenschaftlichen Worten schildert, steht schon seit Jahrtausenden in den indischen Veden. Sie zählen zu den ältesten überlieferten Aufzeichnungen, die wir kennen.

Schon dort steht geschrieben: »Tat tvam asi«.

Das bedeutet übersetzt: *»Das, was ich wahrzunehmen glaube, und das, was ich zu sein glaube, ist ungeteilt.«*

Ich sehe immer mit *dem* Bewusstsein in die Welt, das mir entspricht. Ich sehe die Welt von der Ebene meines speziellen Bewusstseins. Das bedeutet: Ich spiegle mich immer auch in meiner Sichtweise. Meine Sichtweise zeigt mir in jedem Moment, wie ich selbst bin!

Bei der gestrigen Übung haben wir uns mit den unbewussten, dunklen Anteilen beschäftigt, die in uns schlummern. Es sind dies die Schattenseiten an uns, die wir nicht sehen können, selbst wenn wir wollten. Auch diese Seiten werden von nahestehenden Menschen für uns gespiegelt, damit wir sie erkennen. Das Universum ist so freundlich und spielt uns unablässig den

Film vor unseren Augen ab, den wir selbst unbewusst in unserem ureigensten Drehbuch geschrieben haben.

Als Beispiel schildere ich dir die Leseranfrage von Klaus: Klaus wollte sich einen neuen Job »bestellen«, denn in seiner alten Beschäftigung hielt er es einfach nicht länger aus. Seiner Meinung nach waren der Job doof, die Kollegen gemein und sein Chef völlig unfähig.

Für Menschen wie Klaus ist eine Bestellung von etwas Besserem sehr schwierig, denn er ist ja offensichtlich sehr unzufrieden und unglücklich, aber Unglück hat keine große Kraft beim Wünschen. Bärbel sagte es einmal sehr treffend auf das Wünschen bezogen:

> *»Die größte Fähigkeit, die Zustände positiv zu verändern, resultiert aus der völligen Akzeptanz dieser Zustände.«*

Je mehr ich gegen die Umstände kämpfe, umso mehr Kraft gebe ich gerade dort hinein. Ich bin dagegen, dass etwas so ist, aber dieses »Dagegen-Sein« zementiert den Zustand geradezu. Wenn ich in meinem Leben unentwegt gegen etwas ankämpfe, wird es sich nicht ändern. Meine Energie verschleudere ich bei diesem unsinnigen Kampf sogar.

Ablehnung ist Anziehung! Ablehnung geht in Resonanz mit dem Abgelehnten und signalisiert so dem Universum: »Hallo, da oben! Ich möchte noch mehr davon!«

Meine Innenwelt, meine Gedanken und Gefühle sind durch meine Ablehnung ganz und gar voll davon, also wird die Resonanz noch mehr davon in mein Leben ziehen.

Wenn Klaus trotz aller Widrigkeiten das Gute an seiner Arbeit erkennen lernt, verbessert er seinen inneren Zustand und wird damit bereit, einem besseren Job in seinem Leben zu begegnen. Und sei dir sicher: Das Gute ist immer da! Zum Beispiel könnte Klaus beginnen, sich zu freuen – über die Hilfsbereitschaft seiner Kollegen, die Unterstützung durch seinen Chef und allein die Tatsache, dass er überhaupt einen Job hat, für den er bezahlt wird.

Übung: *Eine »himmlische« Annonce*

Schreib dir heute bitte alle »schlechten« Eigenschaften deines Partners aus der gestrigen Übung so auf, als sei es eine Annonce im himmlischen Anzeigenblättchen: »Ich suche einen Mann, der unfähig ist, mich zu lieben, der mich betrügt und der mich am Ende wegen einer anderen verlässt.« So oder ähnlich solltest du deine Anzeige formulieren, gebildet aus den Verhaltensweisen, die dich an deinem Partner oder Expartner stören oder gestört haben. Wieder kannst du stattdessen auch einen Freund oder Elternteil nehmen.

Übertreib gern dabei, mach dir einen Spaß daraus!

NOTIZEN

TAG
6

Thema Partnerschaft – Teil 1

➤ In seinem Kinderbuch *Ich bin das Licht* beschreibt Neale Donald Walsch, wie sich eine Seele im Himmel langweilt. Alles ist hier immer nur Licht und Liebe, Einheit und Vollkommenheit – in Ewigkeit. Die Seele möchte gern etwas Abwechslung und möchte verzeihen lernen. Eine andere Seele erklärt sich bereit, ihr zu helfen. Die eine Seele sagt zur anderen: »Du, ich würde gerne das Verzeihen lernen. Hier im Himmel ist alles nur toll, hier geht das nicht. Lass uns auf die Erde und in einen Körper gehen, und dort tust du mir etwas ganz Schlimmes an. Dann kann ich endlich lernen, wie es ist, jemandem zu verzeihen. Das Problem ist nur: Wenn wir in den Körper gehen, werden wir beide vergessen, dass wir uns diesen Plan so schön ausgedacht haben. Denn sonst ist ja der ganze Lerneffekt dahin.«

In diesem Sinne kannst du auch deine gestrige Partneranzeige der Übung im »Himmlischen Boten« verstehen. Irgendetwas in dir hat sich diesen Partner ausgesucht, um genau diese Erfahrung machen zu können. Unterbewusst hast du dir genau diesen Partner »bestellt«, um an und mit ihm zu wachsen. Zum Glück gibt es bei Problemen in der Partnerschaft eine »nette« Lösung. Ein schwedisches Sprichwort sagt:

> *»Willst du einen König als Mann, beginne,*
> *den König in ihm zu sehen.«*

Wir haben bereits verinnerlicht, dass allein unsere Beobachtung dazu führen kann, eine Situation positiv zu verändern. Es kommt einfach darauf an, worauf wir unseren Fokus richten. Statt nur das Negative zu sehen und ihm damit noch mehr Energie zu geben, legen wir unser Augenmerk doch auf die guten Aspekte einer Sache! Ist doch ganz klar.

Dazu dient die Übung für den heutigen Tag.

Übung: *Traumprinz und Märchenprinzessin*

Nach diesem Motto nimm nun deine Negativ-Liste mit schlechten Eigenschaften deines Partners und kehre sie einfach um: Was immer dich genervt und gestört hat, es hat doch sicher ein Gegenteil! Formuliere nun genau, wie du deine Partnerschaft gerne hättest und was du an deinem Partner lieben würdest, wenn er es für dich in dein Leben bringen würde. Wenn du etwas »Schlechtes« am Partner siehst, ist dahinter ganz sicher irgendwo auch etwas Gutes versteckt. Am Beispiel der gestrigen Übung würde ich umgekehrt schreiben: »Ich bin unendlich dankbar für meinen tollen Mann, der mich liebt, der immer nur Augen für mich hat und der mein Leben lang treu an meiner Seite steht.«

Wie sieht dein Traumprinz, deine Märchenprinzessin aus? Kreiere dir deinen optimalen Partner. Ich bin gespannt.

Bis morgen!

NOTIZEN

TAG
7

Partnerschaft – Teil 2: Der Honeymoon Effekt

➤ Die gestrige Übung geht zurück auf den Zellbiologen Bruce Lipton und seinen weltweiten Bestseller *Der Honeymoon Effekt.* Honeymoon bezeichnet im Englischen die Zeit der intensiven Verliebtheit in einer neuen Beziehung. Lipton hat die biochemischen Prozesse, die im Körper einer oder eines Verliebten ablaufen, sehr intensiv untersucht und dabei entdeckt: Sie produzieren eine Art »Liebesdroge«. Wenn die Beziehung zerbricht, ist es für den Hormonhaushalt wie ein »kalter Entzug«, da sich der Körper wieder auf einen Normalzustand einschwingen muss.

Die Biochemie unseres Körpers ist aber durch unsere Gedanken und Gefühle beeinflussbar. Sie bestimmen die Prozesse in unserem Körper. Beim Verlieben habe ich selbst den Honeymoon-Effekt ausgelöst, also kann ich ihn auch weiterhin steuern. Die Übung gestern war ein erster Anfang dazu. Achte auf deine Gedanken, denn sie werden Worte! Lipton ruft dazu auf, genau *das* zu denken und zu fühlen, was wir mehr in unserem Leben haben wollen. Unsere Glaubenssätze und Denkgewohnheiten sind es, die unser Leben sehr stark bestimmen. Und natürlich ist es nicht ganz so einfach, diese Gewohnheiten abzuschütteln und positiv zu verändern, aber mit viel Geduld und festem Willen ist es – Schritt für Schritt – möglich.

An dieser Stelle berichten mir die Teilnehmer immer wieder, sich bei der Übung mit ihrem Partner besonders verbunden zu fühlen. Und genau darum geht es ja in diesem Kurs – um eine bessere Beziehung zu den Menschen in unserem Umfeld. Eine Frau schrieb beispielsweise: »Ich wollte dir heute ein kurzes Feedback zur Übung geben. Ich habe heute, nachdem ich meinen Traumprinzen (Ehemann) beschrieben hatte, im Anschluss daran ein tolles Liebesgefühl und die Empfindung gehabt, meinen Mann sehr zu vermissen. Ich war überrascht und konnte mir nicht erklären, woher das kam. 😄 Beim Schreiben war ich völlig im Fluss gewesen.«

In deiner Partnerschaft (und auch in jeder anderen Beziehung) bist du also eingeladen, immer wieder – wie gestern geübt – deine Traumpartnerschaft herbeizudenken und zu fühlen. Achte verstärkt auf die guten Seiten deines Partners und übe dich in Dankbarkeit: »Einfach großartig, wie gut meine Frau heute gekocht hat.« »Toll, wie mein Mann mich heute verwöhnt. Ich liebe es, wie schön wir heute unseren gemeinsamen Abend verbracht haben. Ich bin so dankbar für diese beglückende und funktionierende Beziehung!«

Je öfter du solche oder ähnliche Gedanken in dir wachrufen kannst, umso besser und zufriedenstellender wird sich deine Beziehung gestalten.

Und hier ist der Punkt, an dem Ho'oponopono ganz besonders hilfreich wird:

Ich bin mir bewusst geworden, wie sehr ich auf meine Umwelt einwirke – immer und in jedem Moment. Es ist mir auch sonnenklar, wie wichtig es ist, meine alten Denkweisen und Glaubenssätze zu verändern.

Nur ist es für mich (und sicher für viele andere Menschen auch) oft extrem schwierig, meine eingespielten Verhaltensweisen zu verändern. Es ist beinahe so, als wolle ich mich am eigenen Zopf aus dem Morast ziehen. Wenn ich mein Verhalten und meine Denkweisen verbessere, werde ich auch eine bessere und beglückendere Partnerschaft in mein Leben ziehen. Nur – wie mache ich das ganz praktisch?

Da viele unserer Gedanken und Gefühle unterbewusst gesteuert werden, reicht positives Denken allein nicht aus. Es ist auch ganz logisch, dass uns das normale Bewusstsein nur bruchstückhaft helfen kann, wenn wir unbewusste Verhaltensweisen abschütteln wollen. Es braucht eine neue, höhere Ebene, die uns dabei hilft, uns zu verändern. Und genau dort setzt Ho'oponopono an!

Ich habe verstanden, dass ein Problem in meinem Leben etwas mit mir zu tun hat. Jedes meiner äußeren Probleme hat eine Entsprechung in mir selbst, als ein inneres Problem, das in meinem Unterbewusstsein als Glaubenssatz oder eingeübte Verhaltensweise schlummert. Um das zu verwandeln, braucht es eine höhere Instanz. Deshalb bitten wir beim Ho'oponopono Gott oder den heiligen Geist (oder beim Hoppen später die Liebe im Herzen), eine positive Veränderung in uns vorzunehmen, um das Außen zu verbessern. Als Erstes möchte ich dir das klassische Ho'oponopono vorstellen.

Übung: *Ein erstes Ho'oponopono*

Geh dazu bitte in intensiven Kontakt zu deinem Gott. Du kannst dies auf deine ureigenste Weise tun. Ich selbst habe gute Erfahrungen damit, einfach ein Gebet zu sprechen, etwa das Vaterunser. Wende dich dabei wirklich mit der Absicht an deinen Gott, er möge eine positive Veränderung in deinem Inneren vornehmen. Du kannst dazu auch gern in eine Kirche gehen oder an einen Platz, der dir besonders gefällt. Verbinde dich so intensiv wie möglich mit deinem Gott und bitte ihn, eine Lösung für ein bestimmtes Problem herbeizuführen. Sprich dazu langsam und immer wieder die folgenden vier Sätze. Tu dies so lange in tiefer Hinwendung zu deinem Gott, bis du das Gefühl hast, dass sich etwas in dir auflöst, sich etwas verbessert.

Es tut mir leid.
Bitte verzeih mir.
Ich liebe dich.
Danke.

NOTIZEN

TAG
8

Das klassische Ho'oponopono

➤ Im Zentrum der ursprünglichen Art des Ho'oponopono stehen die vier Sätze:

Es tut mir leid.
Bitte verzeih mir.
Ich liebe dich.
Danke.

Immer, wenn du auf etwas negativ reagierst, genervt bist oder aus deiner Mitte geworfen wirst, sprich bitte diese vier Sätze! Sieh diese Formel als »nicht in Stein gegossen« an!

Mach es am besten so, wie es sich für dich richtig anfühlt. Lass einen der Sätze weg oder nimm einen neuen dazu. Es kommt vor allem auf die Absicht an, etwas in dir zum Guten zu verändern. Dann wird die Form egal. Ein Bekannter von mir fand die Formulierung in vier Sätzen zu lang, er schwört auf seine Kurzform: »Es tut mir leid. Danke.« Für ihn reicht das, und er hat mit dieser halben Form des Ho'oponopono schon sehr gute Erfolge erzielt.

Das ist für mich überhaupt eine der wichtigsten Botschaften des Ho'oponopono: Mach es so, wie es sich für dich stimmig anfühlt! Es bringt nichts, die Übung einfach »herunterzurasseln«, noch weniger, sie widerwillig zu tun. Du selbst entscheidest, wie gut diese Technik wirkt. Geh bitte wirklich in die Absicht, dass sich etwas in dir verwandeln soll. Tu es mit Hingabe und bitte deinen Gott um Mithilfe!

Um dir ein Beispiel zu geben, was ich meine:

Ich praktiziere seit vielen Jahren Tai Chi. Jedes Jahr besuchte unser chinesischer Meister Chu unser Zentrum in Köln, um die Schüler zu unterrichten. Einmal machte er seine Übung ganz anders als sonst und der Leiter des Zentrums wagte sehr zaghaft, den Meister auf seine unübliche Körperhaltung hinzuweisen. Er sagte zu ihm: »Master, you do wrong!« (Meister, das machst du falsch!) Meister Chu schaute erstaunt auf, blickte verträumt auf seine etwas merkwürdige Arm- und Beinstellung und entgegnete lächelnd: »Yes, but I think right!« (Stimmt, aber ich denke richtig!)

Wenn du die Sätze des Ho'oponopono hingebungsvoll wie ein Mantra sprichst, wenden sie sich an dein Unterbewusstsein und führen eine Verbesserung in deinem Inneren herbei. Die Hawaiianer sagen: Ho'oponopono wirkt durch Zeit und Raum und heilt auch alle Verstrickungen, die wir aus unseren Wurzelfamilien mit auf die Welt gebracht und die wir von unseren Vätern und Großvätern mitgenommen haben.

Die folgende Übung dient dazu, unsere inneren Bilder ein wenig näher zu betrachten.

Übung: *Heute malen wir ein Bild*

Dazu brauchst du ein paar Buntstifte und Papier. Ein DinA4-Blatt reicht aus, eine Seite deines Tagebuches zur Not ebenfalls, du darfst aber auch gerne größer zeichnen. Du sollst ein Bild zeichnen, wie du es als Kind vermutlich oft gemacht hast. Zeichne es so bunt und ausführlich, wie du möchtest. Die einzige Vorgabe ist, folgende Dinge in deine Zeichnung mit aufzunehmen: ein Haus, einen Baum, einen Strauch, eine Sonne, einen Weg, eine Schlange und Wasser in irgendeiner Form. Mach es aus Spaß, wie ein Kind! Freu dich, endlich wieder einmal zu Buntstiften greifen zu dürfen!

NOTIZEN

TAG
9

Dein Lebensbild

➤ Vielleicht warst du gestern ein wenig erstaunt, als Übung ein Bild zu malen. Welchen Sinn hatte das wohl? Nun, heute kommt die Auflösung.

Weg, Haus, Baum, Wasser, Sonne, Strauch und Schlange stehen für wichtige Punkte in deinem Leben. Beim Zeichnen fragen wir dein Unterbewusstsein, welchen Platz diese in deinem Leben einnehmen.

Dein Bild gibt dir nun darüber Auskunft, welche Bedeutung sie in deinem Leben derzeit haben.

Also, das Haus bist du selbst. Es ist sozusagen »dein« Haus. Wie genau hast du es gemalt? Wie gerade und exakt oder krumm und wackelig steht es da? Ist es eher genau und sauber gezeichnet, dann legst du vielleicht selbst viel Wert auf gutes Aussehen. Oder du kümmerst dich gut um dich, hast also eine gute Selbstliebe. Vielleicht schlägt das Pendel auch zu weit aus und du nimmst dich selbst zu wichtig? Überlege selbst, wie die Zeichnung deines Hauses für dich zu deuten ist. Hast du dein Haus in die Mitte gemalt, dann dreht sich in deinem Leben vielleicht viel um dich. Ist es eher am Rand, dann nimmst du dich vielleicht nicht so wichtig. Was würdest du selbst sagen zu deiner Beziehung zu dir selbst? Wie interpretierst du die Zeichnung deines Hauses?

Der Baum steht für deinen Vater. Steht er nahe am Haus (also an dir) oder weiter weg? Wie ist die Beziehung zu deinem Vater? Wie zeigt sich dies in deinem Bild?

Das Wasser steht für deine Mutter. Wo im Bild hast du Wasser gemalt? Ist es ein ruhiger See oder das Meer, ein Bach oder ein Fluss? Was sagt dieses Bild über dein Verhältnis zu deiner Mutter aus?

Sträucher repräsentieren deine Freunde. Hast du einen oder mehrere gezeichnet? Wo stehen sie in deinem Bild? Sind sie groß, vielleicht sogar größer als der Baum? Wie wichtig sind dir Freunde?

Die Sonne steht für deinen Gott. Geht sie auf, geht sie unter oder steht sie im Zenit genau in der Mitte des Bildes? Welche Rolle spielt Gott in deinem Leben? Welche Beziehung hast du zu ihm?

Die Schlange steht für Erotik und Sexualität. Wo in deinem Bild befindet sie sich, in welchem Zusammenhang steht sie? Wo hast du sie gemalt? Was könnte das bedeuten? Wie denkst du, stehst du zu diesem Thema in deinem Leben.

Der Weg schließlich ist *dein* Weg. Wo beginnt er im Bild, wo endet er? Woran führt er vorbei? Was sagt dir das über deinen Lebensweg? Wo auf diesem Weg befindest du dich gerade? Was denkst du selbst?

Übung: *Mein Bild – Nachbetrachtung*

Mach dir heute in deinem Tagebuch ein paar Notizen zu den oben genannten Fragen. Bleib dabei spielerisch und nimm es nicht zu genau. Diese Übung sollte mit der Freude eines Kindes gemacht werden, und wenn du nur einige kleine Erleuchtungen dabei hast, darf dies schon genügen. Von besonderer Bedeutung für das Ho'oponopono ist die Sonne als Symbol für Gott. Wie ist deine Beziehung zu deinem Gott? Wie nahe stehst du ihm? Was sagt dein Bild darüber aus? Was hat dein Lebensweg mit deinem Gott zu tun? Lädst du ihn manchmal in dein Leben ein, etwa über ein Gebet?

Übrigens schrieb mir eine Teilnehmerin zu dieser Übung:

Lieber Manfred,

ich hatte mir gestern viel Zeit genommen, mein Bild zu malen. Ich bin dir so dankbar, dass du diesen Kurs immer wieder anbietest. Ich habe aus dem Bild so eine Art Reset, Fazit oder auch Inventur gemacht. Das hat mir sehr gut geholfen, mich zu reflektieren. Mein Ist-Zustand spiegelt sich genau in diesem Bild wieder. Bin ganz stolz auf mich, dass ich so weit gekommen bin, und wo mein Weg hinführt? Meine Reise ist noch nicht zu Ende. ☺ Mir tut das richtig gut. Das Bild ist auf Leinwand und wird mich jetzt begleiten.

Danke dir von Herzen.

Diese Übung ist erfahrungsgemäß für viele eine Prüfung für ihren Verstand. Versuche bitte, hier wirklich nicht zu viel hinein zu interpretieren. Und du musst auch nicht alles verstehen, was und weshalb du hier etwas so und nicht anders gemalt hast. Dreh die Übung am besten um und frage dich, wie dein Verhältnis zu deinen Freunden ist, zu deiner Mutter oder deinem Gott.

Dein gemaltes Bild gibt dir dazu nützliche Anhaltspunkte.

NOTIZEN

TAG 10

Vielleicht ist nur unser Denken falsch?

➤ Bei der Anwendung von Ho'oponopono werden wir daran erinnert, dass die Welt und ich und du nicht voneinander getrennt sind. Nein, wir sind jederzeit durch ein mystisches Band miteinander verbunden. Alles, was in meinem Leben geschieht, hat in irgendeiner Weise auch etwas mit mir zu tun. Erlebe ich etwas in meiner äußeren Welt als Problem, dann gibt es dafür eine Entsprechung in mir, in meiner inneren Welt. Auch wenn dies fernab unseres normalen Denkens liegt und weit jenseits unseres Verstandes.

Die Hawaiianer gehen sogar so weit zu sagen, dass es eigentlich unser Verstand ist, der für unsere Probleme sorgt. Für sie ist jedes Geschehen in der Welt ein Ausdruck Gottes und somit grundsätzlich gut und richtig. Bewerte ich mit meinem Verstand etwas als schlecht oder falsch, muss folglich mein Denken falsch sein. Deshalb bitte ich beim Ho'oponopono Gott darum, dass mein falsches Denken geheilt wird. Dann, sagen die Hawaiianer, verschwindet auch mein Problem!

Vielleicht denkst du gerade: »Aber ich als Einzelner kann doch gar nichts tun. Ich kann doch nicht die ganze Welt verändern.« Dazu möchte ich dir sagen, auch ein langer Weg beginnt immer mit dem ersten Schritt.

Die gute Botschaft lautet:

Heile ich mich, heile ich die Welt!

Um die Wirkung des Ho'oponopono zu verdeutlichen, kann dir vielleicht folgendes Gleichnis dienen: Stell dir vor, du bist zusammen mit neunundneunzig anderen Menschen in einem dunklen Raum. Wenn auch nur ein Mensch den Lichtschalter betätigt, wird es auf einen Schlag hell – für alle! Es reicht vollkommen aus, wenn dies *einer* der hundert Anwesenden tut. Du könntest dieser eine Mensch sein. Und Ho'oponopono liefert dir diesen Lichtschalter.

Eine ganz besondere Kraft liegt in der Musik und im Gesang. Deshalb habe ich eine Variante des Ho'oponopono anzubieten, die mir selbst sehr viel Freude bereitet. Vielleicht auch dir? Probiere es doch einfach mal aus.

Übung: *Ho'oponopono singen*

Um diesem hawaiianischen Vergebungsritual eine neue Form zu geben, lade ich dich ein, es auch mit Gesang zu verbinden. Als Lied dafür finde ich sehr passend »Danke für diesen guten Morgen«. Wer das Lied nicht kennt, kann es sich hier auf YouTube anhören: https://www.youtube.com/watch?v=IMCeBIDHHhU

Es beginnt mit den Worten: *Danke, für diesen guten Morgen! Danke, für jeden neuen Tag!* Singe dieses Lied ein paar Mal, um in die Stimmung von Dankbarkeit gegenüber deinem Gott und deinem Universum zu finden.

Danach sprich die vier Sätze des Ho'oponopono innerlich, wie du es bereits kennst. Gerne kannst du auch andere Lieder dazu verwenden, es muss kein Kirchenlied sein.

Nimm etwas, das dich selbst sehr berührt, und singe ein paar Minuten, bis du ganz in Kontakt bist mit deinem Gott. Sprich danach die vier Sätze voller Hingabe:

Es tut mir leid.
Bitte verzeih mir.
Ich liebe dich.
Danke.

NOTIZEN

TAG 11

Die vier Sätze des Ho'oponopono

➤ Wie alles auf dieser Welt, kann man natürlich auch die Übung von gestern missverstehen. Eine Leserin schrieb mir zum Thema »Ho'oponopono singen« einmal Folgendes:

»Jetzt habe ich mir Ihr Buch *Verzeih mir* gekauft und bin gerade an der Stelle, an der Sie beschreiben, dass Ho'oponopono auch gesungen werden kann. Das, finde ich, ist eine super Idee, und da ich ebenfalls gern singe und das Lied *Danke* liebe, habe ich es versucht – aber leider bekomme ich keine vernünftige Form hinein. ☹

Eeehes tut mir leiheid … hört sich einfach komisch an. Die nächste Zeile ist ja ganz gut, wenn ich an *verzeih* noch ein *e* dranhänge. Aber dann geht's schon wieder los: *Iiich liiieehiebe Dihich. Dahahahanke* … ???? ☺

Irgendetwas stimmt da nicht. Habe ich das falsche Lied im Kopf? Aber ich habe auf YouTube nur diese Melodie entdeckt. Ich weiß, meine Mail ist etwas sonderbar und Sie werden sich jetzt sicherlich amüsieren, aber ein Lachen am Montagmorgen kann sich ja nur positiv auf den Tag auswirken. ☺«

Nun, das war mal eine schöne Deutung des Satzes »Man kann Ho'oponopono auch singen!« Meine Antwort lautete: »Also, die Lösung ist, singen Sie das Lied, wie Sie es kennen: Danke für diesen guten Morgen. Gehen Sie dann in das Gefühl von Dankbarkeit – ganz und gar! –, und dann sprechen Sie die Sätze. Aber erst nach dem Singen, das Singen ist lediglich die Einstimmung auf die vier Sätze. Sie können auch (was vielleicht einfacher ist) das Lied aufnehmen und abspielen und dabei die Sätze sprechen. Beides zusammen geht leider nicht, da haben Sie recht.«

Beim Hoppen, wie beim klassischen Ho'oponopono, geht es vor allem um das Gefühl. Verbinde dich mit der Liebe, mit Gott oder – wie im Lied – mit der Dankbarkeit, das ist das Wichtigste. Und sprich dann die Sätze des Ho'oponopono. Dann ist die Wirkung am stärksten.

Gehen wir die Sätze einmal einzeln durch:

Den Satz **»Es tut mir leid«** drücke ich in der Art aus, dass mir bewusst ist: Mein Problem liegt in mir. Wenn ich unter Situationen in meinem Leben leide, dann nur, weil ich den Kontakt zu meinem Gott verloren habe. Es tut mir leid, lieber Gott, bitte nimm mich zurück in deine Arme.

»Bitte verzeih mir« meint: Wenn ich in meinem Leben etwas als schlecht oder falsch bewerte, dann liegt auch dies allein an mir.

Offenbar ist mein Denken falsch.

Lieber Gott, bitte verzeih mir mein falsches Urteil.

»Ich liebe dich« hat für mich zum Inhalt, dass ich erkenne:

Alles, was in meinem Leben geschieht, ist gut. Wenn ich es als schlecht ansehe, liegt dies nur daran, dass ich mich von Gott und seiner Liebe entfernt habe. Ich selbst schließe diese Lücke zu Gott wieder.

Lieber Gott, deine Liebe ist allzeit um mich. Lieber Gott, ich liebe dich.

»Danke« spreche ich abschließend im tiefen Bewusstsein, dass Gott immer war und immer sein wird.

Ich danke dir, Gott, dass du mich immer liebst und lieben wirst. Danke, dass du mich jetzt durch deine Liebe heilst.

Übung: *Ho'oponopono*

Suche dir heute ein Thema aus, das dich aktuell sehr beschäftigt und sprich nun bitte die vier Sätze. Lade sie ganz mit dem guten Gefühl der Hinwendung zu Gott auf, um eine Verbesserung in deinem Leben zu erreichen. Sprich die vier Sätze mehrmals aus dem Gefühl tiefer Verbundenheit mit Gott heraus! Mach ein Gebet daraus, erschaffe eine Kapelle in deinem Herzen, in dem du dich an deinen Gott als höchste Macht wendest!

Es tut mir leid.
Bitte verzeih mir.
Ich liebe dich.
Danke.

Wie fühlst du dich dabei? Wiederhole die vier Sätze bitte einige Minuten lang und achte darauf, wie sich deine innere Stimmung dabei verändert.

NOTIZEN

TAG 12

Die Kraft der Vergebung

➤ Ho'oponopono passt wunderbar in unsere neue Zeit, denn es ist ein Instrument der Liebe.

Wo das Denken unterscheiden möchte und trennt,
da möchte die Liebe verbinden.
Wo das Denken seinen Vorteil sucht,
dort möchte sich die Liebe verschenken.
Wo das Denken verurteilt,
lehrt uns die Liebe zu verzeihen.

Das durch die Praxis des Ho'oponopono stetig anwachsende Mitgefühl wird uns veranlassen, die alte rationale Unterscheidung in Gut und Böse aufzugeben. Stattdessen werden wir unsere Welt mehr mit Liebe betrachten und erkennen, dass es an uns ist, dem scheinbar Bösen oder Schlechten in unserem Leben einfach nur unsere Liebe zu geben. In dem Sinne, wie Khalil Gibran es ausdrückte, der meinte, das

Böse sei im Grunde nur das Gute, werde aber vom eigenen Hunger und Durst gequält.

Ho'oponopono ist für mich mit der Zeit die stärkste und wirkungsvollste Form geworden, mich mit meinem Inneren zu versöhnen. Der »Trick« dabei ist, mich mit allem Geschehen in meiner Umwelt als verbunden anzusehen und folglich dafür Mitverantwortung zu übernehmen. Alles in meiner Welt steht mit mir in Resonanz. Indem ich aufhöre, anderen Menschen oder dem Universum die Verantwortung für mein Leben zuzuschieben, ändert sich mein Bewusstsein – weg von der Opferrolle, hin zum Gestalter meines Lebens. Dann ist niemand mehr schuld! Ich beginne stattdessen, den anderen Menschen immer mehr zu vergeben. Dadurch, dass ich anderen vergebe, gelingt es mir, nach dem Prinzip »Wie innen so außen«, auch mir selbst zu vergeben. Vergebe ich dir, dann vergebe ich gleichzeitig mir selbst.

Vom Dalai Lama gibt es in diesem Zusammenhang ebenfalls einen Ausspruch, denn er meinte, dass die Quelle aller unserer Leiden allein in dem Unterschied zu finden sei zwischen dem, was tatsächlich ist, und dem, was wir wahrnehmen. Auch Eckhard Tolle sagt sehr ähnlich, unser Unglücklichsein entsteht letztlich seiner Meinung nach nicht aus den tatsächlichen Umständen unseres Lebens, sondern vielmehr aus der Konditionierung unseres Geistes. Durch Ho'oponopono gelingt es uns zum Glück, sowohl unsere Wahrnehmung als auch unsere Konditionierungen langsam zu verändern.

In diesem Sinne hilft uns das hawaiianische Vergebungsritual bei jedem Anwenden immer mehr, die Welt mit den Augen der Liebe zu sehen. Wir begeben uns ins Herz und in die Liebe und nehmen dabei langsam aber sicher immer mehr in die Wahrnehmung der Welt hinein, wie sie wirklich ist.

In den vier Sätzen *Es tut mir leid – Bitte verzeih mir – Ich liebe dich – Danke* spielt aus meiner Sicht nun besonders die Liebe eine herausragende Rolle. Entschuldigung, Vergebung und Dankbarkeit sind zusammenhängende Begriffe, bei denen jeweils die Liebe als treibende Kraft dahinter steht.

Wenn ich mich entschuldige, gehe ich in die Liebe.
Wenn ich jemandem verzeihe, gehe ich in die Liebe.
Auch Dankbarkeit ist eine Ausdrucksform der Liebe.

Deshalb habe ich die vier Sätze bei meiner eigenen Praxis nach einiger Zeit gar nicht mehr gesprochen, sondern den Fokus vor allem auf die Liebe gelegt. Dabei ist die Herzenstechnik entstanden, bei der ich beginne, mein »Problem« zu lieben. Diese Herzenstechnik wurde dann der Grundpfeiler des Hoppens, der ganz eigenen Art des Ho'oponopono, die Bärbel und ich entwickelt haben. Hoppen ist eine etwas flapsige Kurzform des Begriffes »Ho'oponopono«. Damals konnte sich niemand den noch recht unbekannten Begriff merken, und wir wählten deshalb eine etwas eingängigere Begrifflichkeit.

Übung: *Die Herzenstechnik*

Wähle dir ein Problem in deinem Leben aus und mache dir bewusst, dass du mit diesem Thema in irgendeiner Form in Resonanz sein musst. Sonst könnte es gar nicht in deinem Leben auftreten.

Lege dann die Hände auf dein Herz und fühle die Wärme in deinem Herzen. Lass diese Wärme als Ausdruck deiner Liebe stärker werden.

Dann sprich für dich die Worte: »*Was auch immer dieses Problem in meiner Umwelt herbeigeführt haben mag, es muss mit mir zu tun haben. Und dem Teil in mir, der mit diesem Problem in Resonanz steht, schenke ich meine ganze Liebe.*«

Wiederhole diese Worte eine Zeit lang, ganz in Verbindung mit deiner Liebe. Meistens wirst du danach ein Gefühl von Erleichterung oder Entspannung verspüren. Gern kannst du diese Sätze auch nach deinem Gefühl abwandeln oder verändern.

NOTIZEN

TAG 13

Dir selbst verzeihen

➤ Jede Schuld, die ich einem Umstand, einem anderen Menschen oder auch dem Leben als solchem gebe, ist letztlich nichts weiter als eine Verschiebung meiner eigenen Schuld, die ich nicht spüren möchte. Da ist es scheinbar einfacher, sie jemand anderem in die Schuhe zu schieben. Nach dem Prinzip »wie außen so innen« funktioniert dies aber nicht, denn alles, was ich da außen sehe und erkenne, hat mit mir selbst zu tun.

Bei der Herzenstechnik des Hoppens sage ich: *»Ich liebe den Teil in mir, der allem anderen da draußen Schuld gibt. Ich liebe den Teil in mir, der sich so schuldig fühlt, dass er es selbst kaum ertragen kann, und der die Schuld nach außen weitergeben möchte. Ich liebe meinen Teil, der Schuld verspürt. Ich liebe meine Schuld.«*

Je weniger ich den Dingen im Außen Schuld gebe, umso mehr nehme ich Umstände, andere Menschen und das Leben an. Nach dem Prinzip »wie außen so innen« nehme ich mich auf diese Weise auch selbst immer mehr so an, wie ich bin. Gibt es ein besseres Rezept zum Glücklichsein?

Das Universum ist so konzipiert, dass ich mich in anderen Menschen spiegle. Ich sehe mich selbst in den Menschen, die mich umgeben. Lehne ich eine bestimmte Art Mensch ab, darf ich sicher sein, solchen »Kandidaten« immer wieder zu begegnen, denn das Universum möchte, dass ich *ganz* werde. Wenn wir Anteile von uns ablehnen – C.G. Jung bezeichnete sie als unsere »Schatten« –, dann sagt uns das Universum immer wieder: »Das bist du AUCH. Das ist AUCH ein Teil von dir. Wenn du das in dir ablehnst, okay, dann liefere ich es dir außen, in deiner Umwelt. Mir ist es egal, ob du diesen Teil selbst leben möchtest oder ob du diesen Teil durch deine Umwelt erfahren willst.« C. G. Jung sagte sehr treffend, dass uns unsere Umwelt gerade diese Schattenanteile, dir wir ablehnen, immer wieder erleben lässt. Sie spiegelt sie uns immer aufs Neue.

Alles, was ich zur positiven Veränderung in meinem Leben tun muss, ist: mein Problem ins Herz zu nehmen und zu lieben. Auch mein Problem ist ein Teil von mir. Was immer mir widerfährt: Ich bin jedes Mal selbst daran beteiligt. Ich bin in meinem Leben stets mit dabei. Das vergesse ich nur so leicht. Die einzige Person, die an allen Geschehnissen in meinem Leben beteiligt ist, *bin ich selbst.*

Du nimmst dich selbst immer mit, überall hin.

Übung: *Die Liebe im Herzen spüren*

Damit die Liebe im Herzen so richtig wirken kann, solltest du sie wirklich spüren lernen. Lege dazu beide Hände auf dein Herz und spüre die Wärme, die entsteht. Stell dir vor, diese Wärme ist ein Ausdruck deiner Liebe. Nun lass diese Wärme

»wachsen«. Deine Liebe im Herzen zeigt sich in Form dieser stärker werdenden Wärme.

Halte weiterhin beide Hände auf deiner Brust und spüre, wie die Wärme sich noch mehr verstärkt und auf immer mehr Regionen deiner Brust übergreift. Bald schon ist dein ganzer Brustkorb erfüllt von Wärme, dann auch der Bauch, die Oberarme und der Hals. Lass die Wärme in deine Unterarme, deinen Kopf, dein Becken und in die Oberschenkel fließen.

Schließlich breitet sich die Wärme deiner Liebe auch in deine Hände, deine Unterschenkel und deine Füße aus. Dein ganzer Körper ist ausgefüllt mit Liebe. Wie fühlt sich das an?

Nun suche dir wieder ein Problem in deinem Leben aus (es kann auch dasselbe sein wie gestern) und sprich die Sätze der Herzenstechnik:

»Was auch immer dieses Problem in meiner Umwelt herbeigeführt haben mag, es muss mit mir zu tun haben. Und dem Teil in mir, der mit diesem Problem in Resonanz steht, schenke ich meine ganze Liebe.«

Wiederhole diese Worte eine Zeit lang, ganz in Verbindung mit deiner Liebe. Meistens verspürst du danach Erleichterung oder Entspannung. Gern kannst du diese Sätze auch je nach deinem Gefühl abwandeln oder verändern.

NOTIZEN

TAG
14

Die Liebe entzünden

➤ Im Jahr 2008, als ich mit Bärbel an unserem ersten Buch über das Hoppen schrieb, gab es noch kaum Literatur zu diesem Thema. Selbst im Internet war wenig zu finden. Deshalb haben wir, mehr aus der Not heraus, mit dem Hoppen unsere eigene Form des Ho'oponopono entwickelt. Hoppen arbeitet mehr mit der Liebe, während Ho'oponopono mehr mit Gott und dem heiligen Geist in Verbindung tritt.

Heute sage ich: Es ist gar nicht wichtig, ob ich mich an die Liebe oder an Gott wende, um inneren Frieden zu finden. Hauptsache, ich gehe diesen Weg der Heilung überhaupt. Nichts anderes zählt im Leben. Sowohl dem lieben Gott als auch der Liebe wird es ganz bestimmt egal sein, auf welche Weise wir innerlich gesund werden.

Das große Interesse der Öffentlichkeit zeigt, wie einfach und erfolgreich Ho'oponopono anwendbar ist. Wäre diese Vergebungstechnik sinnlos oder zu kompliziert, würde sicher kein Hahn danach krähen. Sie scheint genau in unsere Zeit zu passen. Ihre Anwendung führt mich zu mehr Selbstliebe und zu mehr Verantwortlichkeit, löst viele meiner Probleme auf einfache Weise und hilft, mir und anderen Menschen immer noch ein Stück weit mehr zu vergeben.

Jeder Kontakt zu deinem Herzen ist heilsam.

Jedes Mal, wenn du dein Herz spürst, bringt es dich weiter hin zu dir. Bei jedem Anklopfen an seine Tore öffnet sich dein Herz ein kleines Bisschen mehr.

Und ganz sicher schenkt dir das Pochen an seine Tore auch eine Vielzahl wundervoller Erfahrungen.

»Am Rande des Wahnsinns lebte ich bis jetzt,
nach Ursachen und Gründen suchend. Ein Leben lang
klopfte ich an eine Tür … Sie öffnend erkannte ich:
Von innen hatte ich gepocht.«
(Rumi)

Übung: *Das Herzensfeuer entzünden*

Lege, wie du es schon kennst, beide Hände auf deine Brust. Spüre die Wärme, die in deinen Handflächen entsteht. Nun stell dir vor, diese Wärme würde einer Art kleinem Feuer entspringen, das irgendwo in deinem Herzen wohnt. Betrachte dieses Feuer eine kleine Weile.

Dann beginne, langsam und vorsichtig, dieses kleine Licht immer größer werden zu lassen. Stell dir vor, es wäre die Glut in einer Schmiede, und durch den Blasebalg fachst du das Feuer immer mehr an.

Sieh vor deinem inneren Auge, wie das Feuer wächst, und spüre durch die Hände, welche Wärme nun entsteht. Nun wähle wieder ein Problem in deinem Leben aus (es kann auch dasselbe sein wie gestern) und sprich die Sätze der Herzenstechnik. Heute variieren wir die Formulierung, damit du ein Gefühl dafür bekommst, wie du es auch anders machen kannst:

»Über das Gesetz der Resonanz bin ich mit allem innerlich verbunden, was in meinem Leben geschieht. Meine Innenwelt, also meine Gedanken und Gefühle, spiegeln sich in meiner Außenwelt wider. Wie dies vonstatten geht, liegt fernab von meinem Verstand. Ein äußeres Problem spiegelt sich in einem inneren Problem wider. Löse ich mein Problem im Innen, wird sich auch der Zustand im Außen verbessern. Deshalb nehme ich den Teil in mir, der mit dem Problem in meiner Umwelt in Zusammenhang steht, in mein Herz. Ich schenke ihm meine ganze Liebe. Ich bitte die Liebe in meinem Herzen, diesen Teil zu heilen. Dann kann sich auch die Situation im Außen verbessern.«

Wiederhole diese Worte eine Zeit lang, ganz in Verbindung mit deiner Liebe.

NOTIZEN

TAG
15

Wie die Liebe wirkt

➤ Eine der häufigsten Fragen, die sich bei der Herzenstechnik am Anfang stellt, lautet: »Wie, bitteschön, bewerkstelligt es denn eigentlich die Liebe, mein Problem innerlich zu lösen und zu heilen?«

Dazu gibt es leider keine wissenschaftliche Erklärung. Die Liebe ist eine Ebene, die fernab unseres normalen Alltagsbewusstseins liegt. Um das Hoppen in seiner Wirkungsweise zu erklären, gibt es aber ein Modell, das ich sehr schön finde. Es wird beschrieben auf der DVD *Nur der heile Heiler heilt* von Richard Weigerstorfer, einem lieben Freund. Sie ist erhältlich im Wuwei-Verlag, Regensburg, www.wuwei-shop.de.

Ich gebe es hier verkürzt wieder:

Unser Herz und die ihm innewohnende Liebe besitzen Fähigkeiten, die sich der rationalen und wissenschaftlichen Herangehensweise schlichtweg verschließen. Das Herz hält noch ungleich andere Möglichkeiten für uns bereit, als sie für das Auge und die Messgeräte der Wissenschaft sichtbar sind.

Ich versuche, dir dein Herz im Vergleich mit den Dimensionen verständlich zu machen:

Die uns bekannten drei Dimensionen der sichtbaren Welt sind Länge, Breite und Höhe.

Als vierte Dimension kommt noch die Zeit dazu: Die dreidimensionalen Gegenstände und Lebewesen unserer Welt bewegen sich durch die Zeit und verändern sich dabei, sie altern und nutzen sich ab. Diese Zeitebene ist noch relativ verständlich, denn wir kennen sie alle.

Die nächste Dimension, die fünfte, liegt nun oberhalb der Zeit, und betrachtet sozusagen die Zeit, so wie die vierte Dimension oberhalb unserer drei Dimensionen liegt. Sehe ich mir in der fünften Dimension zum Beispiel eine Eiche an, dann sehe ich sie von ihrer Geburt als Eichel bis hin zum Keimling, über den kleinen Baum bis hin zur mächtigen Eiche und weiter bis zum verfallenen Holzklotz, der verwittert wieder in den Waldboden übergeht. Ich sehe in dieser fünften Dimension sozusagen das ganze Leben der Eiche vom Anbeginn bis zum Ende seines Daseins. Ich sehe diese Eiche in ihrer Ganzheit.

Gehen wir dann noch eine Ebene weiter, in die sechste Dimension, dann ist dort noch gar keine Eiche real entstanden, sondern die Eiche existiert hier erst als Idee. Sie ist noch körperlos und nur strukturierte Energie, die sich unsichtbar, vielleicht als eine Art Feld – ähnlich dem Magnetfeld – gerade anfängt zu bilden. Dieses Feld hat sicherlich Ähnlichkeit mit dem morphogenetischen Feld, das Rupert Sheldrake beschrieben hat. Die sechste Dimension nenne ich einfach den Bauplan oder die Blaupause der Eiche.

Schließlich kommen wir zur siebten und höchsten Dimension. Hier existieren weder Idee noch Form, noch Feld. Hier ist vollkommene Einheit und bisher keine Trennung in Formen oder Ideen geschehen. Deshalb sind in dieser Ursprungs-Dimension nach wie vor alle Möglichkeiten gegeben, die zunächst nur latent bleiben, aber eben potenziell möglich sind. Das kann man sich vorstellen wie in der chinesischen taoistischen Weisheitslehre das Nichts, in dem bereits alles enthalten ist – unausgesprochen, ungenannt. Diese Dimension ist der Beginn der Schöpfung. In unserem Modell ist sie reine Energie, und wir nennen diese Dimension DIE LIEBE. Im Kontakt zur Liebe wird jedes Problem zu seinem Ursprung zurückgeführt und dabei verwandelt. Wie dies geschieht, ist ein Geheimnis.

Es bleiben die beiden Erfahrungen, die das Hoppen dir schenkt, wenn du es ausprobierst:

- Liebe findet den Teil, der mit deinem inneren Problem korrespondiert, wenn du sie darum bittest.
- Liebe kann diesen Teil verwandeln, heilen und zum Besseren transformieren.

Übung: *Liebe atmen*

Wir treten nun in noch engeren Kontakt zur Liebe: Lege wieder beide Hände auf die Brust und lass Wärme entstehen. Stell dir jetzt vor, dass die Liebe sich in deinem Herzen als Leuchten und Glitzern zeigt. Beim nächsten Atemzug atmest du ganz normal in die Lunge ein, aber gleichzeitig auch in dein Herz.

Visualisiere nun, wie dieses Leuchten auf deinen Atem überspringt. Auch dein Atem leuchtet und glänzt jetzt als Ausdruck deiner umfassenden Liebe.

Atme nun deinen Liebesatem aus, und sprich innerlich die Worte: »Ich hülle mich ein in den Atem meiner Liebe.« Und wiederhole dies ein paar Minuten lang. Ich atme ein in mein Herz, ich atme meine Liebe aus meinem Herzen aus.

Wie fühlt sich das für dich an?

NOTIZEN

TAG
16

Nur was du liebst, kannst du auch verändern

➤ Wie bringen wir die Liebe eigentlich zur Wirkung?

Die wohl häufigste Schwierigkeit beim Erlernen des Ho'oponopono ist bei den meisten, dass sie gern verstehen würden, wie das mit der Liebe denn nun wirklich funktioniert. Wir orientieren uns als westlich geprägte Menschen eben sehr an unserem Verstand. Erst, wenn wir etwas verstanden haben, können wir es auch richtig anwenden. So denken wir zumeist.

Das stimmt ganz sicher zum Beispiel für die Führerscheinprüfung, wo es klare Regeln gibt, die wir dann nur noch erlernen müssen, um Auto fahren zu dürfen. Beim Ho'oponopono ist die Regel aber leider viel schwammiger. Sie lautet einfach: Spüre dein Herz! Nimm Kontakt zu deiner Liebe auf. Und lass deine Liebe dann fließen. Wie sich das im Einzelnen bei den Menschen anfühlt, ist speziell und für jeden unterschiedlich. Deshalb kann ich hier leider auch kein Patentrezept anbieten, das für alle gilt. Außer, um es noch einmal zu wiederholen: *Mach es einfach so, wie es sich für dich richtig anfühlt!*

Und natürlich gibt es auch nichts »richtig« zu machen beim Ho'oponopono, es geht ganz einfach darum, dass es sich für dich »richtig« *anfühlt*. So wie jeder auf eine besondere Weise Auto fährt, so darf auch jeder seine eigene Form des Ho'oponopono entdecken.

Deshalb hat Ho'oponopono wirklich sehr viel Ähnlichkeit mit dem Bestellen. Man kann nicht wirklich verstehen, wie es funktioniert, aber man sollte es auf jeden Fall ausprobieren! Und wenn es dann geklappt hat, gibt der Erfolg einem sozusagen ein Feedback. Das Universum und die Liebe zeigen mir dann, *dass* es so richtig war. Denn der Wunsch wurde erfüllt, das Problem löste sich auf.

Ho'oponopono ist auch für mich ein immerwährendes »learning by doing«. Je mehr du übst, umso mehr Erfolg wirst du haben. Und je mehr du es dann glauben kannst, dass es funktioniert, umso mehr funktioniert es dann tatsächlich. Es ist unser Glaube, der Berge versetzen kann. Oder eben nicht. Henry Ford, der Begründer der Ford-Motorenwerke, sagte dies mit den Worten: »Ob du glaubst, du kannst es, oder ob du glaubst, du kannst es nicht – du hast recht.«

Ein wichtiger Ansatzpunkt beim Hoppen ist – wie schon früher gesagt – dabei der schöne Satz von Bärbel: »Die größte Fähigkeit zur Veränderung resultiert aus der völligen Akzeptanz des Ist-Zustandes.« Das erscheint zunächst einmal paradox. Ich möchte in meinem Leben etwas zum Positiven verändern, aber das gelingt mir umso besser, je mehr ich mein Leben anzunehmen und zu akzeptieren lerne? Ja, aber dann lasse ich es doch, wie es ist?! Der feine Unterschied bei dieser Betrachtung besteht darin, dass die größte Kraft im Universum aus den Qualitäten Liebe und Dankbarkeit besteht. Diese haben die größte Kraft zur Veränderung.

Kämpfe ich gegen etwas an, dann sage ich innerlich: »Das ist schlecht. Das muss weg!« Ich umgebe mich deshalb bei jedem Kampf mit Gefühlen, die das Gegenteil davon sind: Unliebe und Undankbarkeit. Diese haben aber gar keine Kraft zur Veränderung, sondern zementieren nur den ungeliebten Zustand ein.

Eine ähnliche Erfahrung, die viele Menschen in ihrer Beziehung machen, lautet, dass sich ihr Partner erst in dem Moment verändern kann, in dem sie ihn wirklich akzeptieren und annehmen.

Der Partner ändert sich erst, wenn ich ihn so lassen kann, wie er ist. Schon wieder ist dies scheinbar paradox. Aber Akzeptanz ist für mich nur ein anderes Wort für Liebe. Ich akzeptiere den anderen, denn ich nehme ihn so an, wie er ist. Und wenn ich ihn annehme, also liebe, dann wird der Weg zur Veränderung frei.

Liebe hat diese transformative Kraft in sich. Und genau diese Energie wirkt auch beim Hoppen. Ich trete aus dem inneren Kampf mit diesem Thema, mit diesem Menschen heraus. Und wenn ich innerlich mit diesem Problem meinen Frieden finde, dann breitet sich der Frieden auch in meine äußere Welt aus.

Es gilt die Gleichung: Innerer Frieden führt zu äußerem Frieden.

Übung: *Inneren Frieden finden*

Heute hoppen wir unsere kämpferischen Gefühle. Widme dich einem Problem, bei dem du innerlich in Wut, Ablehnung oder das

Gefühl, ungerecht behandelt zu werden, gerätst. Spürst du den innerlichen Kampf? Hoppe auch diese Gefühle!

Sage dir: »Ich spüre mein inneres Ungleichgewicht. Ich spüre meinen inneren Kampf. Ich bin mir bewusst, dass dieser Kampf sich früher oder später als Konflikt in meiner Umwelt manifestieren wird. Deshalb atme ich jetzt ein, und stelle mir vor, Frieden und Harmonie einzuatmen. Beim Ausatmen lasse ich alles ausfließen, was in mir in Unfrieden ist. Ich lege die Hände auf mein Herz und spüre die Liebe. Ich atme in mein Herz und reichere meinen Atem mit Liebe an. Ich lade den Teil in mir, der in Unfrieden ist, in mein Herz ein. Ich bitte die Liebe, sich um diesen Teil zu kümmern. Ich hülle diesen Teil in den Atem meiner Liebe ein. Ich stelle mir vor, wie die Liebe sich als Wolke von Atem im Herzen um diesen Teil herum legt.«

Bleibe ein paar Minuten ganz in Liebe, bis du innerlich eine Verbesserung verspürst.

NOTIZEN

TAG 17

Typische Fragen

➤ Nachdem du nun bereits Erfahrungen mit dem Hoppen sammeln konntest, stellen sich dir sicher Fragen. Einige der häufigsten Fragen habe ich hier einmal zusammengestellt.

Wie oft muss ich ein Thema denn hoppen, bis es weg ist?

Viele Menschen sind sehr ungeduldig. Manche beschweren sich sogar regelrecht, sie hätten nun schon fünf Mal ein bestimmtes Thema gehoppt und es sei immer noch nicht weg. Bitte sei einfach hartnäckig und bleib am Ball.

Man kann nicht einfach sagen: »Hoppe drei Mal am Tag vor den Mahlzeiten, so wie bei einer Medizin, und alles wird gut.« Ganz im Gegenteil: Du selbst bist in irgendeiner Form mit dem Problem in Resonanz. Es liegt an dir, das Problem zu heilen. Du selbst bist deine Medizin. Du selbst bist auch die »Dosis« für diese Arznei, du selbst bestimmst durch deine Absicht und deinen Glauben, wie gut Hoppen wirkt. Es ist ein wenig wie beim Placebo-Effekt: Je mehr du daran glauben kannst, umso stärker ist die Wirkung.

Die Fragestellung zeigt, dass du eher skeptisch bist. Allein *das* führt schon dazu, dass Hoppen nur wenig Wirkung haben kann. Wie stark ist dein Wunsch, das Thema zu lösen? Lass diese Sehnsucht nach innerem Frieden ganz in das Hoppen einfließen!

Mach deine Absicht kraftvoll!

Ich mache diesen Kurs nun bereits seit zwei Wochen und ich verstehe gar nicht, was passiert. Je mehr ich an mir arbeite und in die Liebe gehe, desto mehr Reibereien entstehen in meinem Umfeld. Normalerweise bin ich gar nicht so – gibt es da einen Zusammenhang?

Es ist wohl so, dass du dir in diesen dreißig Tagen mehr bewusst wirst, was alles um dich herum tatsächlich geschieht. Ein Beispiel dafür ist der Mann, der Vater geworden ist und freudestrahlend feststellt, dass zwei Straßen von seinem Haus entfernt soeben ein Babygeschäft aufgemacht hat. Er geht also hinein, um Windeln zu kaufen, und sagt: »Wie schön, dass Sie hier ein neues Geschäft aufgemacht haben!« Und der Verkäufer antwortet: »Wieso, wir sind schon seit zwanzig Jahren genau hier am Platz!« Der Mann ist dauernd an diesem Geschäft vorbeigefahren, hatte aber keinen Fokus auf dieses Thema und hat den Laden deshalb bisher übersehen.

Wir werden uns bewusster in diesen dreißig Tagen, wir schauen genauer hin. Oft gehen wir durch unseren Tag und registrieren gar nicht so richtig, was tatsächlich alles um uns herum geschieht. Nun wird unser Blick schärfer. Wir sehen andere klarer und damit auch uns selbst. Und das Schöne am Ho'oponopono ist, wir können bewusst immer wieder etwas zum Besseren verändern.

Die Frage zeigt auch sehr schön, worum es in diesem Kurs eigentlich geht. Es sind nicht die anderen, die sich verändern. Nein, *du* bist es. Es geht nicht darum, dass andere in deinem Umfeld plötzlich Reibereien suchen und auf Krawall gebürstet sind. Nein, es ist ein Teil in *dir*, der mit eben dieser Umwelt zu tun hat. Es ist schon so, wie du schreibst, normalerweise bist du ganz anders. Aber es gibt da einen Teil in dir – und in mir und in jedem von uns –, der meint: »Ich bin doch okay und lieb und nett und nur die anderen sind blöd und schuld an den ständigen Querelen.« Ho'oponopono erfordert ein Umdenken. Natürlich nervt es, wenn andere unangenehm und schwierig im Umgang mit einem selbst sind. Es ist aber genau dieses Genervtsein in mir, dieser innere Unfriede in mir, der beim Ho'oponopono in Frieden gebracht wird. Ich beginne bei mir, also an dem Punkt, wo ich wirklich etwas verändern kann.

Wie lautete die Aufgabe einer Übung der letzten Tage nochmal: »Ich lade den Teil, der in Unfrieden ist, in mein Herz ein.« Das kannst du immer wieder machen, mit jeder Reiberei, die du in deinem Umfeld findest.

Und deine Frage suggeriert übrigens: Wenn ich mich doch jetzt schon zwei Wochen in innerem Frieden übe, muss doch die Umwelt nun bitteschön langsam reagieren und auch in Frieden kommen. Manchmal gelingt dies tatsächlich bei einer Person. Aber es wäre wohl zu vermessen anzunehmen, es könnte sofort mit allen Menschen um mich herum passieren. Das erinnert mich an eine andere Frage, die eine Leserin mir einmal stellte: »Jetzt habe ich diesen Vollidioten von Chef schon drei Mal gehoppt und er ist immer noch ein Trottel!« Es dauert eben ein wenig, bis wir uns über die Tragweite des Ho'oponopono klar werden. Es ist immer ein Kampf mit dem eigenen Schatten.

Ich habe gar kein Gefühl, wenn ich ins Herz komme. Was mache ich falsch?

Wie gesagt, beim Hoppen gibt es kein richtig oder falsch. Mach es besonders am Anfang einfach so, wie es sich für dich ergibt. Das wird als erster Schritt schon »richtig« sein. Später, wenn du mehr Erfahrung gesammelt hast, wird sich bestimmt zeigen, wie du es für dich anders machen kannst. Es ist wie beim Laufen lernen: Wenn ein Baby die ersten Schritte macht, weiß es auch noch nicht, wie das »geht«. Es fällt hin, aber es steht wieder auf. Winston Churchill sagte einmal, Erfolg bedeute für ihn, von Misserfolg zu Misserfolg zu gehen, ohne den Spaß dabei zu verlieren.

Fühlen ist sehr unspektakulär, besonders am Anfang. Es reicht vollkommen aus, zuerst die Wärme nur ganz leicht wahrzunehmen. Du kannst es schon als Erfolg ansehen, wenn diese Wärme beim zweiten oder dritten Mal stärker wird. Übung macht den Meister! Es kann unterstützend und hilfreich sein, dich mit anderen Heiltechniken zu beschäftigen, beispielsweise mit Reiki. Ich selbst habe viele Monate Fühlen gelernt, indem ich ein Buch über Chakren mit verschiedenen Übungen durchgearbeitet habe. Das Herz ist ein Muskel, den du wie im Fitnessstudio trainieren kannst. Je mehr du übst, umso stärker wird dein Muskel. In diesem Kurs üben wir uns jeden Tag ein wenig mehr darin.

Übung: *Wiederholung*

Lege ein weiteres Mal beide Hände auf deine Brust und spüre deine Liebe als Wärme, die aufsteigt. Dann atme wieder in dein

Herz und lass die Liebe als Glitzern auf deinen Atem übergehen. Wähle ein Problem und sprich für dich die Worte: »Wie auch immer ich mit diesem Thema in Resonanz stehe, allein, dass es in meinem Leben auftritt, zeigt: Es muss mit mir zu tun haben. Ich lade daher den Teil in mir, der mit diesem äußeren Problem in Zusammenhang steht, in mein Herz ein. Ich bitte die Liebe, diesen Teil zu heilen. Ich hülle diesen Teil in meinem Herzen in den Atem meiner Liebe ein. Ich bilde um diesen Teil herum eine Art Kokon, so wie eine Raupe sich verpuppt, um ein Schmetterling zu werden.«

Stell dir dabei vor, wie das Leuchten in deinem Herzen immer stärker wird, je mehr du diesen Teil in dir in den Atem deiner Liebe einhüllst.

NOTIZEN

TAG
18

Herz und Schmerz

➤ Es ist eine große Freude für mich, die Menschen ins Herz zu bringen, damit die Liebe wirken kann. Das Gefühl, das sich beim Kontakt zum Herzen einstellt, ist für die meisten Menschen angenehm, und sie erleben es als Weite, Kraft, Frieden, Geborgenheit oder Stille. Bei manchen Menschen ist der erste Kontakt mit dem Herzen aber auch eher unangenehm. Es kann sein, dass sich Gefühle von Enge, Angst oder sogar leichtem Schmerz zeigen. Diese lösen sich meiner Erfahrung nach auf, wenn sie weiterhin Kontakt zum Herzen suchen. Die heutige Übung zeigt dir eine Möglichkeit, auch diese Gefühle ins Herz zu nehmen.

Mittlerweile wurde bereits wissenschaftlich untersucht, woher solche unangenehmen Gefühle beim Kontakt mit dem Herzen stammen. Gregg Braden beschreibt dies in seinem schönen Buch: *Die vergessenen Geheimnisse des Betens und des Segnens.* Seiner Meinung nach ist das Herz *der* Ort, an dem wir alle Gefühle spüren können. Das Herz ist in unserem Körper die Stelle, die für uns fühlt. Gefühle werden hier gelebt und auch verarbeitet. Problematische Gefühle wie Angst oder Beklemmung haben meist unangenehme, schmerzhafte Seiten, die dazu führen, dass wir vor ihnen zurückschrecken. Solche Gefühle werden oft verdrängt und abgelehnt. Dadurch bleiben sie sozusagen im Herzen »stecken«. Versuche ich, mit dem Herzen in Kontakt zu treten, dann stoße ich unmittelbar auf diese ungelebten und ungeliebten Gefühle. Um die Türen des Herzens zu öffnen, wollen diese Gefühle zunächst erlebt und gespürt werden. Deshalb ist dieser erste Kontakt zum Herzen manchmal unangenehm, aber im Grunde heilsam. Was ich »auf dem Herzen habe«, wird dabei weggenommen und geheilt.

Gregg Braden ist der Meinung, dass diese ungelebten Gefühle das Herz belasten, je mehr sie sich ansammeln. Natürlich ist diese Belastung für das Herz nicht gerade angenehm, es ächzt und stöhnt unter dieser Anstrengung. So hat das Hoppen auch den schönen Nebeneffekt, unser Herz von dieser Beanspruchung befreien zu können. Vielleicht spürst du sogar, wie das Herz sich mit ein wenig Übung freier und stärker anfühlt, je mehr du mit ihm in Verbindung trittst.

Als eine weitere Variante des Hoppens möchte ich dir die Arbeit mit unangenehmen Gefühlen vorstellen.

Übung: *Schmerzhafte Gefühle hoppen*

Heute lieben wir den Teil in uns, der mit einem Gefühl von Schmerz verbunden ist.

Wähle dazu ein Gefühl aus, das für dich schmerzhaft ist. Vielleicht hast du sogar ein Gefühl, von dem du weißt, dass du es häufiger in deinem Leben spürst. Fühlst du dich manchmal getrennt, allein, ungeborgen, ungerecht behandelt? Gehe dabei vor, wie du es bereits kennst:

Lege die Hände auf deine Brust, atme ein paar Mal ein und aus und atme dann in dein Herz hinein. Lass die Liebe auf deinen Atem überspringen und stell dir vor, wie dieser Liebesatem in deinem Herzen den Teil einhüllt, der mit dem unangenehmen Gefühl in Kontakt steht. Dann erinnere dich dazu noch an einen Moment in deinem Leben, als du ganz in Liebe warst.

Denke zum Beispiel an dein erstes Date, an deine Hochzeit oder daran, wie du dich fühltest, als du dein neugeborenes Kind das erste Mal im Arm halten durftest. Lass dieses Gefühl von Liebe zu diesem Teil in deinem Herzen fließen. Stell dir vor, wie der Kokon von Liebe in deinem Herzen immer mehr leuchtet, je mehr du dir die schöne Situation in deinem Leben in Erinnerung rufst. Lade diesen Teil in dir ganz mit Liebe auf.

Spürst du, wie sich etwas auflöst und verwandelt? Erwarte keine großen Dinge, schon ein kleines Gefühl von Erleichterung ist ein wunderbarer Erfolg!

NOTIZEN

TAG 19

Die Rolle der Gefühle

➤ Für mich persönlich ist die Arbeit mit Gefühlen der wichtigste Aspekt des Hoppens. Meine Gefühle sind ein Teil von mir. Durch das Hoppen kann ich, wie gestern beschrieben, unangenehme Gefühle annehmen und so verwandeln oder kämpferische Gefühle befrieden.

Durch meine Gefühle präge ich meine innere Welt. Genau genommen sind es meine Gefühle, durch die der mystische Satz Meister Eckharts »wie innen so außen« überhaupt funktioniert. Durch meine Gefühle bin ich in ständigem Kontakt mit meinem Universum. Es ist fast so, als würde das Universum fortwährend bei mir anfragen: »Na, was möchtest du noch in deinem Leben?« Und durch meine Gefühle antworte ich auf diese Frage immerzu.

In dem Buch *Fühle mit dem Herzen* vergleichen Bärbel und ich das Bestellen mit einer Autofahrt: Um ans Ziel zu gelangen, brauche ich das Lenkrad. Mit ihm steuere ich kraft meines Verstandes auf ein bestimmtes Ziel zu. Die Energie aber, um an das Ziel zu gelangen, kommt aus meinem Gefühl. Gefühle sind wie der Motor, der mein Fahrzeug mit der notwendigen Energie versorgt, um überhaupt ans Ziel zu kommen. Aber die größte Kraft, um etwas Gewünschtes in mein Leben zu ziehen, haben Liebe und Dankbarkeit. Deshalb ist das Hoppen auch »die neue Form der Realitätsgestaltung« – denn erst *Liebe* ermöglicht es, das Beste in mein Leben zu ziehen und dabei meine Probleme zu verwandeln. Wenn ich der Liebe das Steuer überlasse, kann geschehen, was der Liebe entspricht.

Gefühle sind so etwas wie die Sprache des göttlichen Urgrundes, auf dem und in dem wir alle leben. Durch Gefühle sende ich Energien aus, die aus dem Umfeld das anziehen, was der Resonanz entspricht. Wenn ich mich zum Beispiel dauernd ärgere, weil die Bahn immer zu spät eintrifft oder abfährt, gehe ich jedes Mal in dieser Erwartungshaltung zum Zug. Der verspätete Zug wird dann wieder meiner niedrigen Resonanz entsprechen, die mit dem Gefühl übereinstimmt, dass die Bahn eben immer zu spät kommt. Und so weiter …

Diesen Kreislauf kann ich aber unterbrechen. Ich brauche einfach nur aufhören, mich zu ärgern, und in Frieden mit der unpünktlichen Bahn kommen. Der innere Frieden hat eine neue, andere Resonanz, die mit einem verspäteten Zug nicht mehr übereinstimmt. Es wird stattdessen viel wahrscheinlicher, dass der Zug pünktlicher eintrifft. Wenn ich den zu spät kommenden Zug akzeptiere, kann sich die Situation zum Guten verändern. Im Grunde »liebe« ich die Situation dann, ich nehme sie so an, wie sie ist. Ich höre damit auf, sie ändern und verbessern zu wollen.

Übung: *Mit den Augen des Herzens sehen*

Im Herzen kann ich mir auch meine Gefühle auf vollkommen neue Art anschauen. Wir beginnen heute, die Dinge mit den Augen des Herzens zu sehen:

Wähle dir ein unangenehmes Gefühl aus, das du häufiger hast. Vielleicht ärgerst du dich oft oder fühlst dich immer wieder zurückgesetzt und schlecht behandelt? Nun schließ bitte deine Augen und stell dir vor, wie du im Morgenlicht über eine frühlingshafte Wiese läufst. Die Wiese ist voller Blumen und Blüten. Irgendwann kommst du an ein Tor aus Rosen. Wie sieht dieses Tor aus?

Geh durch das Tor. Jetzt hat sich die Landschaft verwandelt und erinnert dich an Irland. Vor dir liegen grüne Hügel und Felder. Geh nach links einen kleinen Pfad entlang und betritt dann rechts neben dem Weg eine kleine Senke. Kauere dich dort hin und denke intensiv an dein Gefühl. Geh ganz in dieses Gefühl hinein. Sobald du von ihm stark ergriffen bist, trittst du aus der Senke hinaus und gehst auf einen kleinen Hügel.

Oben begegnest du dem *Wesen* deines Gefühls. Schau es dir mit den Augen deines Herzens an. Wie sieht es aus? Ist es ein Tier, eine Pflanze, ein Bild oder ein Mensch? Geh um dieses Wesen herum und gib ihm, was es am meisten braucht. Lass die Liebe aus deinem Herzen zu diesem Wesen wandern und schau, ob es sich verwandelt. Gib ihm Liebe, solange es sich gut anfühlt. Dann verabschiede dich von ihm und geh zurück zum Tor aus Rosen, wo diese Reise angefangen hat.

NOTIZEN

TAG 20

Dein Herz befragen

➤ Das Herz hat noch eine weitere Fähigkeit, die ich mir beim Hoppen nutzbar mache: Ich kann ihm auch Fragen stellen. Zur Einstimmung in die doppelte Verständnistechnik dient die heutige Übung, Antworten vom Herzen wahrzunehmen. Heute geht es darum, »Herzensohren« zu entwickeln.

In den letzten Tagen hast du dich darin geübt, die Liebe im Herzen auf unterschiedliche Weise zu aktivieren. Als heilsamer Nebeneffekt wird dein Herz dadurch immer offener und wacher. Um jetzt die Stimme deines Herzens hören zu können, brauchen wir noch die innere Stille, denn während des normalen Tagesbewusstseins sind unsere Gedanken sehr laut und übertönen unaufhörlich das feine Stimmchen des Herzens. Wir gehen deshalb heute ins Herz, damit wir seine Stille kennenlernen.

Frage dich dazu als Erstes: »Welcher Mensch stört mich ganz besonders? Welcher Arbeitskollege schafft es durch seine Art immer wieder mühelos, mich auf die Palme zu bringen?« Du kannst die folgende Übung auch gern nacheinander mit verschiedenen Menschen machen, die dir hin und wieder den

Nerv töten. Mit welchem Verhalten dieser Menschen hast du besonders große Probleme?

Wann immer es Streit und Probleme mit anderen Menschen in meinem Leben gibt, habe ich die Wahl, mich weiterhin zu ärgern und nichts zu ändern – dann bleibe ich, wie ich bin, und alles bleibt beim Alten –, oder ich beschreite einen neuen Weg und frage mein Herz: Wie ist dieser Mensch innerlich wirklich hinter seiner Fassade? Was soll ich durch diesen Menschen lernen? Als Antwort findet sich oft eine bisher unbekannte Schönheit, eine Qualität in diesem Menschen, die meist gerade das Gegenteil dessen ist, was er im Außen normalerweise zeigt. Diese Qualität ist ihm vielleicht selbst noch gar nicht bekannt, wird aber vom Blick des offenen Herzens geradezu eingeladen oder freigelegt und kann sich dadurch mehr und mehr entzünden und in diesem Menschen Platz finden. Erinnere dich: »Willst du einen König als Mann, beginne, den König in ihm zu sehen!«

Fang doch einfach mal an, fünf gute Eigenschaften bei der Person zu finden, die dich besonders aufregt. Schreib sie dir in dein Tagebuch, auch wenn es schwerfällt.

Übung: *Die Stimme des Herzens hören*

Wähle eine Person aus, mit der du wiederholt Probleme hast, mit der du immer wieder »aneinander rasselst«. Frage heute dein Herz, weshalb du mit diesem Menschen Probleme hast. Um die Stimme deines Herzens zu hören, beginne wie immer:

Lege die Hände auf deine Brust und lass Wärme entstehen. Spüre deinen Atem und lass den Kontakt zum Herzen größer werden. Sicher hast du in den letzten Tagen bereits gelernt, wie du deinen besonderen Kontakt zum Herzen am einfachsten aufbauen kannst. Führe den Kontakt herbei. Dann stell dir vor, wie du von oben auf einen See blickst.

In seiner Mitte spiegelt sich die Sonne. Du schaust in das Glitzern und verfolgst die kleinen Wellen, die über die spiegelglatte Oberfläche ans Ufer laufen. Blicke eine Weile auf dieses meditative Bild und versinke geistig in diesem See und seiner Stille. Denke dann an diesen für dich problematischen Menschen und frage dein Herz: »Was soll ich von diesem Menschen lernen? Welches neue Verhalten von mir wäre nützlich, um diesem Menschen anders zu begegnen? Was soll mir dieses Problem mit diesem Menschen zeigen? Was spiegelt mir dieser Mensch?«

Dann machst du dich ganz leer und lässt die Antwort in deinem Geist auftauchen, so wie eine Luftblase vom Grunde des Sees nach oben steigt.

Warte auf eine Antwort und lass dich überraschen. Erwarte bitte keine Romane – schon ein Wort oder ein Bild oder eine Idee zu entdecken ist genug. Schreib dir deine Antwort auf!

NOTIZEN

TAG 21

Die doppelte Verständnistechnik

➤ Wie war es gestern, die Stimme deines Herzens wahrzunehmen? Hast du schon etwas gehört? Wenn nicht, sei nicht traurig. Es ist noch kein Meister vom Himmel gefallen. Und wir haben noch einige Tage Zeit, immer wieder aufs Neue den Versuch zu wagen, das Herz zu hören.

Die meisten Menschen sind sich nie so ganz sicher, ob es wirklich ihr Herz ist, das sie da wahrnehmen, oder ob ihr Verstand ihnen nur etwas vorgaukeln möchte. Sei unbesorgt! Dieses Thema haben alle Menschen, die das Herz zum ersten Mal hören wollen. Auch bei mir war das so. Es ist nur eine Stufe, die es zu überwinden gilt. Bleib einfach locker und kümmere dich nicht weiter darum. Je mehr du übst, umso sicherer wirst du dabei werden, die Herzensstimme zu erleben. Irgendwann wirst du schmunzelnd an diesen Moment zurückdenken und dir sagen: »Jaja, damals war ich mir nicht so ganz sicher, was ich da höre. Aber heute, da weiß ich es.« Deshalb gehe bitte einfach weiter! Es wäre nämlich schade, wenn du jetzt mit dem Üben aufhören würdest, denn dann würdest du dir die Chance selbst verbauen, deine Wahrnehmung zu schulen.

Bei der gestrigen Übung kamen dir hoffentlich ein paar neue Ideen, was dieser Mensch, mit dem du Probleme hast, für dich bedeutet. Vielleicht sollst du lernen, dich mehr durchzusetzen. Vielleicht besteht deine Aufgabe darin, mutiger zu sein. Vielleicht bist du eher ungeduldig und diese Person lehrt dich Geduld. Wie auch immer – dein Herz zu fragen, wird dir mehr Mitgefühl mit den schwierigen Kandidaten in deinem Leben schenken.

Im Grunde war es Bärbel, die diese Variante des Hoppens entdeckt hat. Ihr ging es immer gleich viel besser, wenn sie einen Grund fand, weshalb ihr dieser Mensch Probleme bereitete. Dann war alles nur noch halb so schlimm. Heute stelle ich dir Bärbels doppelte Verständnistechnik vor.

Übung: *Die doppelte Verständnistechnik*

Als ersten Schritt suche dir bitte abermals einen »Problemmenschen« aus. Egal, ob es ein Nachbar, Verwandter, Partner, Freund oder Kollege ist. Der Ansatz ist wieder: Dieser Mensch ist durch irgendeine Resonanz zu dir in dein Leben getreten. Du kannst diesen Menschen nicht ändern, und das willst du auch gar nicht. Aber du kannst *dich* in deinem Verhalten und deiner Haltung diesem Menschen gegenüber verändern, und das ändert dann eure Resonanz. Wenn du *dich* änderst, änderst du auch diese Beziehung. Ein Problem in der Beziehung ist immer auch ein Problem von dir und in dir!

Bei der doppelten Verständnistechnik gibt es zwei Sichtweisen. Erst einmal versetzt du dich in den Menschen, mit dem du Probleme hast, hinein, verschmilzt mit ihm und fragst ganz einfach dein Herz, so wie du es gestern geübt hast: **»Wenn *ich* dieser bestimmte Mensch wäre und mich so komisch verhalten würde, weshalb würde ich das tun?«** Sicher findest du dann Ansatzpunkte, was in deinem Leben geschehen müsste, um dich auch so zu verhalten. Wenn du den anderen besser verstehen kannst, wird sein Verhalten für dich kein Angriff mehr sein, sondern es wird nur aus den besonderen Umständen heraus geboren. Du kannst dich viel freier mit diesem Menschen fühlen, denn du verstehst: Aha, der meint das gar nicht so. Der tut das nicht wegen mir, der ist einfach nur so aus einem Grund, aus dem ich mich unter den gleichen Umständen genauso verhalten würde. Das Schöne daran ist: Wenn du diese neue Sichtweise bekommst, kann sich über kurz oder lang dieser Mensch dir gegenüber anders verhalten. Sein altes Verhalten hatte er ja nur aus der alten Resonanz zu dir heraus gezeigt. Wenn du dich veränderst, ändert sich auch der andere.

Im zweiten Ansatz siehst du deine eigene Position ganz neu und fragst dein Herz: **»Weshalb habe ich mir so eine Situation mit diesem Menschen ausgesucht? Weshalb passiert mir das mit diesem Menschen?«** Wieder wirst du Antworten finden, die deine Scheuklappen auflösen und dir eine neue Betrachtungsweise dieses Menschen erlauben.

Schreib dir deine Antworten der beiden Herangehensweisen auf!

NOTIZEN

TAG 22

Deine Resonanz erkennen

➤ Sicher hast du gestern interessante Ideen erhalten, wenn du dein Herz in Form der doppelten Verständnistechnik befragt hast. Nun führen wir die Herzenstechnik und die doppelte Verständnistechnik zusammen.

Die erste Frage der Verständnistechnik zielt auf die Position des Gegenübers: »Wenn ich mich selbst so verhalten würde, weshalb würde ich das wohl machen?« Ich finde bei der Antwort heraus, dass ich mich unter bestimmten Umständen genauso verhalten könnte. Dies formuliere ich nun um, indem ich sage: »Es gibt einen Teil in mir, der mich dazu bewegen könnte, mich in meinem Leben manchmal auf die gleiche Weise zu verhalten, wie es dieser Mensch mir gegenüber immer wieder tut.« Nun wende ich die Herzenstechnik für den Teil in mir an, den ich bei der Antwort der Verständnistechnik gefunden habe: »Ich liebe auch diesen Teil in mir, der sich wie dieser Mensch verhalten könnte. Ich nehme ihn in mein Herz. Ich umhülle ihn mit meiner Liebe. Auch dieser Teil ist ein Teil von mir.« Und das Schöne ist: Wenn ich lerne, mich mit diesem Teil anzunehmen, dann kann ich auch den Menschen mehr annehmen, mit dem das Problem besteht. Dann kann das Problem verschwinden.

Die zweite Frage der Verständnistechnik blickt neu auf meinen eigenen Standpunkt: »Was soll mir diese Situation mit diesem Menschen zeigen? Was hat dazu geführt, dass ich solche Probleme in mein Leben ziehe? Welche Resonanz liegt diesem Problem zu Grunde?« Die Antwort, die ich jetzt finde, kann ich wieder deuten, ähnlich wie bei Frage 1: Es muss einen Teil in mir geben, der in Resonanz mit diesem Problem steht. Es gibt einen Teil in mir, der dieses Problem überhaupt erst herbeigeführt hat. Und wieder kann ich die Herzenstechnik auch mit diesem Teil in mir vornehmen. Ich liebe auch diesen Teil in mir.

Als beeindruckendes Beispiel dafür nehmen wir einmal die erste eMail aus dem Jahre 2007, mit der ich damals in Kontakt mit Ho'oponopono kam. Darin wurde Dr. Len beschrieben, ein hawaiianischer Therapeut, der eine ganze Abteilung eines psychiatrischen Krankenhauses mit Hilfe von Ho'oponopono heilen konnte. Dazu sprach er gar nicht mit den Patienten selbst, sondern er nahm nur die Akten zur Hand und konnte so den Patienten helfen. Nach intensiver Arbeit von Dr. Len konnte später die ganze Abteilung mit Schwerstkranken sogar geschlossen werden. Was hatte er also getan?

Dr. Len nahm die Akte und fragte sich, ähnlich wie bei der doppelten Verständnistechnik, was dieser Patient ihm sagen wollte. Viele Patienten waren Kriminelle. Er fragte sich zum Beispiel: »Wenn ich dieser Gewaltverbrecher wäre, weshalb würde ich mich so verhalten?« Er fand, genau wie du oder ich, auch einen Teil in sich, der manchmal ausrasten wollte und dem alles manchmal zu viel wurde. Auch in ihm gab es einen Teil, der manchmal in seinem Inneren schrie: »Der Mensch nervt mich total! Ich könnte ihn umbringen!« Genau diesen Teil in sich heilte Dr. Len.

Und so heilte er auch seine Patienten.

Übung: *Gib der Liebe eine Chance*

Nimm bitte deine Antworten der gestrigen Übung zur doppelten Verständnistechnik noch einmal zur Hand. Mach jetzt bitte zu deinen Antworten auf die Fragen eins und zwei der Verständnistechnik ergänzend noch die Herzenstechnik wie oben beschrieben: »Ich liebe den Teil in mir, der sich genauso verhalten würde.« Oder: »Ich liebe den Teil, der mit dieser schwierigen Situation in meinem Leben in Resonanz steht.«

Gib so der Liebe eine Chance, den Teil in dir zu verändern.

NOTIZEN

TAG
23

Das Auto der Freundin

➤ Die doppelte Verständnistechnik will selbstverständlich eintrainiert sein. Deshalb möchte ich mit dir gemeinsam in den nächsten Tagen üben, ein paar Antworten auf ausgesuchte Fragen zu finden. Wenn du außerdem noch Antworten auf besondere Fragen finden möchtest: Auf www.baerbelmohr.de gibt es ein Forum, wo es auch ein Unterforum eigens zum Hoppen gibt. Hier kannst du viele Beispiele der Verständnistechnik finden. Leider kann seit dem 1. Januar 2019 kein neuer Beitrag mehr in diesem Forum eingestellt werden, aber dafür finden sich dort sehr viele alte interessante Themen.

Erste Übung zur doppelten Verständnistechnik

Einer meiner Freunde hat sich das Auto seiner Lebensgefährtin geliehen und ihren Wagen leider zu Bruch gefahren. Er lässt den Schaden in einer Werkstatt sofort reparieren, besorgt ihr einen Leihwagen für die Ausfallzeit und entschuldigt sich natürlich bei ihr. Damit denkt er, sei die Sache erledigt. Dem ist aber nicht so: Die Freundin macht ihm eine Szene, ist stocksauer, und die beiden reden zwei Tage lang nicht miteinander. Was ist nur los zwischen den beiden? Hast du Lust, dieses Thema mitzuhoppen?

Also, die erste Frage lautet: »Wenn ich diese Freundin wäre, weshalb würde ich so gereizt und verletzt reagieren?«

Um dein Herz zu befragen, gehe genauso vor, wie du es an Tag 20 geübt hast:

Lege beide Hände auf deine Brust. Spüre dein Herz und fühle deinen Atem. Lass den Kontakt zum Herzen stärker werden. Dann stell dir vor, du blickst auf einen spiegelglatten See im Sonnenlicht. Dein Blick folgt den kleinen Wellen, die über die Oberfläche des Sees langsam ans Ufer laufen. Sage dir innerlich: »Ich gehe in den Raum der Stille.« Lass den Frieden des Sees sich in dir ausbreiten.

Dann stelle dir die oben genannte Frage der doppelten Verständnistechnik: »Weshalb würde ich mich so verhalten wie die Lebensgefährtin dieses Freundes?« Schreibe dir deine Antwort auf.

Bei der zweiten Frage gehst du ganz genauso vor.

Du fühlst dein Herz, blickst auf den ruhig daliegenden See und stellst die folgende Frage direkt an dein Herz: »Wenn ich dieser Freund wäre, weshalb würde die geschilderte Situation mit der Lebensgefährtin dann geschehen?«

Lass die Antwort aufsteigen wie eine Luftblase vom Grund des Sees. Mach dich einfach leer und warte ganz ruhig auf eine Antwort. Schreibe sie am besten in dein Tagebuch.

Am Ende nimmst du jeden der beiden Teile, die du durch Frage 1 und Frage 2 in dir gefunden hast, in dein Herz.

Bei Frage 1: »Auch in mir gibt es Teile, die verletzt und gereizt reagieren. Ich nehme diese Teile in mein Herz. Ich umhülle sie mit der Liebe und nehme sie ganz an.«

Und bei Frage 2: »Auch ich habe Teile in mir, die mir Situationen ähnlicher Art mit meinem Partner bescheren. Ich liebe auch diese Teile und nehme sie ganz in meinem Herzen auf.«

NOTIZEN

TAG
24

Die Motorrad-Tour

➤ Vor der zweiten Übung zur Verständnistechnik gebe ich dir zunächst noch *meine* Antwort, die ich bei der gestrigen Übung gefunden habe.

Frage 1: Wenn ich mich so verhalten würde wie die Frau aus dem Beispiel, dann wäre ich sehr sauer auf meinen Beziehungspartner, weil er bei allen Problemen immer so mit mir umgeht. Er denkt, er hätte alles richtig gemacht und die Beule am Auto repariert. Er fragt aber gar nicht, wie es mir dabei geht. Er übergeht mich in dieser Sache, und das macht er ständig. Jetzt reicht es mir! Ich fühle mich von ihm übersehen. Mein Mann respektiert mich nicht, die Beule im Auto ist nur ein Ausdruck des Missfallens, das ich ihm gegenüber empfinde. Es geht nicht um die Beule, es geht mir um das Nicht-Gesehen-Werden. Ich liebe den Teil, der sich nicht gesehen fühlt. Ich liebe den Teil, der sich übergangen fühlt, immer und immer wieder. Ich gebe diesem Teil in mir meine ganze Liebe.

Frage 2: Wenn ich dieser Freund wäre, würde ich solche Situationen in mein Leben ziehen, um zu erkennen, dass meine Lebensgefährtin ein Stück weit Recht hat. Es stimmt: Derartige Lappalien sind mir nicht wichtig. Darum kann ich es auch nicht verstehen, wenn meine Freundin sich so sehr über die kleine Beule am Auto aufregt. Mir ist völlig fremd, einem Gebrauchsgegenstand einen dermaßen großen Wert beizumessen. Ich beschäftige mich viel lieber mit Theorien und Ideen. Ich setze mich lieber mit neuen und ungewöhnlichen philosophischen und spirituellen Fragestellungen auseinander. Eigentlich ist mir alles, was auf dieser Welt geschieht, nicht weiter wichtig. Ich mag mich einfach nicht mit den Wehwehchen meiner Frau herumschlagen. Vielleicht sollte ich dies aber öfter tun, denn meine Freundin ist mir doch sehr wichtig. Also: Ich liebe diesen Teil, der sich nicht mit Lappalien auseinandersetzen mag. Ich liebe den Teil, der lieber in Theorien schwelgt. Ich liebe den Teil, der meine Freundin nicht genügend wertschätzt.

(Übrigens hat sich das Pärchen bald wieder versöhnt.)

Übung: *Eine alltägliche Situation hoppen*

Angenommen, ein Freund erzählt dir, dass er gestern allein eine Motorrad-Tour machen wollte. Er holte sein Motorrad aus der Garage und wollte losfahren. Plötzlich fing seine Frau zu weinen an. Er hatte überhaupt keine Ahnung, was los war. Seine Frau fühlte sich offensichtlich verletzt. Hast du Freude daran, das Thema für diesen Freund zu hoppen?

Erste Frage der doppelten Verständnistechnik: »Wenn ich diese Frau wäre, weshalb würde ich wohl anfangen zu weinen?«

Frage dich, indem du dein Herz spürst, und lass die Antwort langsam in dein Bewusstsein aufsteigen. Schreibe dir deine Antwort bitte auf.

Zweite Frage der doppelten Verständnistechnik: »Wenn ich dieser Freund wäre, warum würde ich die Situation mit der weinenden Frau in mein Leben ziehen?« Frage erneut dein Herz und schreibe dir die Antwort auf.

NOTIZEN

TAG
25

Weshalb verletze ich meinen Partner?

➤ Zunächst einige Antworten zum gestrigen Hoppen. Sie sind Bärbels Buch *Zweisam statt einsam* entnommen, in dem viele Tricks vermittelt werden, um den idealen Partner oder die ideale Partnerin zu finden und – was noch wichtiger ist – das Glück auch wirklich dauerhaft genießen zu können.

Ich möchte hier noch einmal darauf hinweisen: Durch das Hoppen lassen sich gerade in Partnerschaften viele Verbesserungen und Einsichten erzielen.

Wenn ich diese Frau wäre und weinen würde, wenn mein Mann eine Motorrad-Tour machen möchte, dann würde ich das tun, weil

- das Verhalten meines Partners eine alte Verletzung in mir »antriggert« oder
- ich lernen möchte zu verzeihen.

Ich habe immer zwei Möglichkeiten der Reaktion. Im ersten Fall bin ich verletzt und traurig und wachse nicht, im zweiten Fall vergebe ich und wachse.

Offenbar würde ich es überhaupt nicht mehr spüren, wenn alles in meiner Beziehung perfekt wäre. Also erschaffe ich mir Verletzungen, um das Schöne wieder sehen zu können. Ich gebe mir innerlich selbst nicht genug Liebe und suche sie deshalb im Außen. Ich denke, dass ich den Partner brauche, und eigentlich ist es gut, dass ich mich verletzt fühle, denn das macht mir mein Thema bewusst.

Wenn ich der Freund wäre, der die Motorrad-Tour machen möchte, weshalb hätte ich mir diese Situation erschaffen? Hier einige Antworten:

- Manchmal überfordere ich mich selbst damit, immer lieb und nett sein zu wollen. Dabei unterdrücke ich mich andauernd selbst. Aus reiner Überforderung verliere ich dann die Kontrolle und bin verletzend zu meiner Partnerin, ohne dies wirklich zu wollen.
- Ich verletze, weil ich manchmal so mit mir selbst beschäftigt bin, dass ich auf Notstrom laufe. Ich kann dann nicht auf andere achten. Es ist für andere einfach weder Rücksicht noch Liebe mehr da. Es geht dann gerade nicht besser.
- Ich verletze niemals bewusst, sondern nur unbewusst. Ich verletze den Partner, weil ich mich über die Reibung definieren kann.
- Ich weiß überhaupt nicht, was der Partner von mir erwartet. Daher tue ich meist das, von dem ich annehme, dass er es gut findet. Das trifft aber oft nicht zu.

- Es ist normal, dass ich andere verletze, wenn ich meinen Weg gehe. Als ich meinen Weg begann, bei meiner Geburt, habe ich meiner Mutter bereits Schmerzen zugefügt. Wenn ich meinen Weg weitergehe, kann ich nicht immer Rücksicht auf andere nehmen. Das tut denen dann manchmal auch weh. Und umgekehrt wäre die Methode, nur Rücksicht zu nehmen, sicher perfekt geeignet, meinen eigenen Weg *nicht* zu gehen, oder?

Hier noch eine längere Antwort auf die eingangs gestellte Frage: Weshalb verletze ich meinen Partner und meine Mitmenschen eigentlich überhaupt?

Wenn ich bewusst oder unbewusst immer wieder andere Menschen verletze, dann mache ich das, weil ich zu viel Nähe nicht ertrage. Ich kann sie so auf Distanz halten. Immer, wenn mir jemand zu nahekommt, muss ich ausweichen, und das geht am einfachsten durch eine kleine Verletzung, die ich dem anderen zufüge. Das hält ihn fern.

Wenn ich mir anschaue, weshalb ich Nähe nicht wirklich ertrage, dann liegt es wohl daran, dass ich mich dabei verliere. Kommt mir etwa ein Liebespartner zu nahe, verschmilzt er mit mir und ich verliere mich in dieser Liebe. Ich bin nicht mehr da, ich verschwinde voll und ganz in dieser Liebe und denke und fühle nur noch für den anderen. »Ich« verschwinde im anderen, ich bin aufgesogen vom anderen.

Dabei mache ich mir doch Vorwürfe, den anderen zu verletzen, denn ich mag es ja, eins zu sein mit ihm, aufgesogen zu sein. Genau das ist doch eigentlich Liebe, oder?

Es gibt aber noch diesen anderen Teil in mir, der eigenständig handeln will, der sich erdrückt fühlt vom Partner und von so viel Nähe und der schließlich sogar froh ist, manchmal wieder frei sein zu dürfen und ohne den anderen zu sein. Wenn ich mich so in die Situation hineinfühle, brauche ich beides, die Verschmelzung und die Eigenständigkeit, und ich wünsche mir einen Partner, der ganz genauso tickt wie ich und ebenfalls beides braucht.

Ich liebe den Teil in mir, der eigenständig sein möchte. Ich liebe den Teil, der manchmal frei sein möchte und andere verletzt. Ich liebe meine Freiheit. Und ich liebe auch den Teil, der verschmelzen kann mit dem anderen, der lieben kann und der ganz fühlen kann, wie der andere fühlt.

Übung: *Ich liebe auch jenen Teil in mir*

Denke an verschiedene Situationen zurück, in denen du deinen Partner verletzt hast. Mache die Herzenstechnik mit jedem Teil in dir, der mit diesen Situationen in Resonanz ist und auch in Resonanz war. »Ich liebe den Teil in mir, der die Tendenz hat, meinen Partner zu verletzen.«

NOTIZEN

TAG 26

Kleine Wunder, die geschehen

➤ Viele kleine und große Themen durfte ich mir mit Hilfe des Hoppens in den letzten Jahren in Seminaren gemeinsam mit den Teilnehmern anschauen. Auch kleine Wunder waren immer wieder einmal zu Gast.

Hier möchte ich dir zwei davon erzählen:

Eine junge Frau sprach ganz offen über das Problem mit ihrem Freund, der aus ihrer Sicht zu viel Alkohol trank. Sie selbst lebte vollkommen abstinent. Wir sprachen über ihren Anteil an diesem Thema. Ganz sicher gab es auch in ihr einen Teil, der gern feiert und den Alltag dabei vergessen möchte, nur lebte sie ihn in dieser Form kaum aus. Ihr Partner tat dies dann ein Stück weit stellvertretend für sie. Da sie mit diesem Menschen zusammenlebte, konnte sie ihn nicht als völlig von sich selbst getrennt sehen.

Für sie war diese ganzheitliche Betrachtungsweise neu, aber sie konnte viel damit anfangen. In der nächsten Pause schrieb sie ihrem Freund eine nette SMS, ohne das Thema Alkohol zu erwähnen. Kurz darauf kam sie fassungslos zu mir gerannt und zeigte mir die Antwort ihres Freundes. Er hatte ihr doch tatsächlich geschrieben: »Weißt du, ich höre jetzt einfach mal auf mit dem Alkohol.«

Paul, unser südamerikanisches Au-pair, war für das Hoppen Feuer und Flamme. Einmal fuhr er in der S-Bahn nach Hause und hatte ein junges Pärchen als Sitznachbarn. Der Junge schaute cool aus dem Fenster, das Mädchen schmachtete ihn an und wollte beachtet werden. Paul fragte sich innerlich: »Was will mir diese Situation sagen?«, und überlegte weiter: »Wenn ich dieser junge Mann wäre, weshalb würde ich mich dann wohl so verhalten?« Nun, er brauchte nicht lange zu suchen, denn er selbst verhielt sich seinen zahlreichen Verehrerinnen gegenüber meist genauso. Männlich zu sein bedeutet doch, cool zu sein und keine Gefühle zu zeigen, so glaubte er zumindest bis zu diesem Zeitpunkt.

Angeregt durch diese »kosmische Erziehungsmaßnahme« überdachte er sein bisheriges Verhalten und sagte sich: »Ich liebe den Teil in mir, der sich so gegenüber Mädchen verhält. Ich danke diesem Teil und ich vergebe ihm!« Er schloss kurz die Augen und nahm den Teil in ihm, der sich so verhalten hatte, in sein Herz. Er stellte sich intensiv vor, diesen Teil in sein Herz zu nehmen und zu lieben. Genau in dem Moment, in dem er die Augen wieder öffnete, wandte sich der junge Mann seiner Freundin zu und küsste sie!

Paul war völlig aus dem Häuschen. Kaum zu Hause erzählte er uns »brav« die ganze Geschichte und stammelte ergriffen: »Danke, danke, danke!«

Übung: *Kleine oder größere Wunder*

Schau zurück auf die letzten 25 Tage, an denen du diesen Kurs absolviert hast. Gab es kleine und vielleicht sogar größere Wunder, die in deinem Leben geschehen sind? Kannst du von Dingen berichten, mit denen du niemals gerechnet hättest? Schreibe dir eine Liste in dein Tagebuch und sammle die kleinen Wunder, die jeden Tag geschehen. Wenn du deinen Fokus auf solche Wunder richtest, öffnest du die Tür, damit noch mehr geschehen können.

NOTIZEN

TAG 27

Mit anderen hoppen

➤ Langsam neigt sich dieser Kurs seinem Ende zu. Deshalb möchte ich dich heute schon bitten, darüber nachzudenken, wie du für dich mit dem Hoppen nach diesem Kurs weitermachen willst. Am besten wäre es aus meiner Sicht, dich selbst zu verpflichten, regelmäßig Menschen zu dir nach Hause einzuladen, um gemeinsam mit ihnen zu hoppen. Mach es doch einmal im Monat und beginne damit, deinen eigenen Kurs zu leiten. Beim Lehren lernst du sicher selbst am meisten.

Hoppen für dich allein ist sicher gut und richtig. Dabei kannst du immer wieder Dinge klären und schnell Hilfe und Erleichterung finden. Mit anderen zu hoppen ist aber fast schon eine andere Technik. Es ist vor allem deshalb interessant, weil es dich davon abbringt zu meinen: »Das, was ich hier für mich entdeckt habe, ist die einzig mögliche Variante des Problems. Ich habe jetzt herausgefunden, WESHALB etwas WIE ist …«

Wie wir gerade bei der letzten Übung mit dem »Verletzen des Partners« sehr gut sehen konnten, kommen in einer Gruppe immer mehrere, zum Teil völlig verschiedene Antworten auf dieselbe Frage heraus. Und das ist auch ein sehr wichtiger Teil des Verständnis- und Heilungsprozesses, denn man löst sich dadurch von seiner Vorstellung »Ich habe Recht« oder »Ich weiß jetzt, was, wie und weshalb.«

Mit Gruppen zu hoppen eröffnet neue Perspektiven und erweitert den geistigen und emotionalen Horizont. Man tut das nicht für andere, die Hilfe brauchen. Das ist aus meiner Sicht etwas, das man eigentlich nur für sich selbst tut, wobei man eigene Anteile integriert, selbst wenn man theoretisch mit dem Problem rein gar nichts zu tun hat.

Wie sagen die Hawaiianer so schön: »Solange noch Wut in der Welt draußen ist, muss sie auch irgendwo in mir noch sein. Wenn ich sie in mir total gelöscht hätte, könnte sie auch in der Welt draußen nicht mehr sein. Alles ist eins und miteinander verbunden.« Infolge dessen hat letzten Endes alles etwas mit mir zu tun, mal mehr, mal weniger. Und durch das Hoppen kannst du deinen Anteil in allem finden und auch heilen, egal ob es die Klimakatastrophe, das Waldsterben, die Vogelgrippe oder die Steuererklärung ist.

Ich selbst finde das Hoppen der Weltprobleme ein wenig schwierig. Zu groß ist dabei aus meiner Sicht die Gefahr, von eigenen Themen abzulenken. Zunächst sollten wir alle vor unserer eigenen Haustür kehren. Da ist genügend zu tun. Auch das führt jeden von uns und alle in unserem Umfeld weiter, denn durch das Praktizieren des Ho'oponopono kann jeder von uns viele kleine Dinge tun, die mehr Liebe in die Welt bringen. Trotzdem möchte ich dir auch noch das Hoppen der »großen« Probleme anbieten. Es zeigt so schön, welche Dimension das Hoppen im Grunde hat.

Alles ist mit jedem Einzelnen von uns verbunden, und davon handelt auch die heutige Übung.

Übung: *Probleme in der Welt*

Stell dir bitte heute die Frage: »Was in mir ist in Resonanz mit der Weltfinanzsituation?« Diese Frage stammt aus dem Jahr 2008, als wir das Hoppen entdeckt haben. Heute ist sie aktueller denn je. Durch das »Virus« bedingt, können wir uns fragen, welcher Teil in uns mit dieser Finanzlage heute zu tun hat. Frage wieder dein Herz und lass die Antwort in dir aufsteigen. Dann nimm den Teil in dir, der eine Resonanz zur Finanzkrise hat, in dein Herz und schenke ihm deine ganze Liebe. Schreib dir deine Antwort auf!

Morgen gebe ich dir eine Reihe von Antworten, die wir dazu gefunden haben. Im Anhang des Buches findest du noch einen separaten Beitrag, in dem ich das »Virus« für dich gehoppt habe. Wenn du magst, hoppe doch selbst einmal dieses Thema, bevor du im Anhang meine Antwort nachschaust.

NOTIZEN

TAG
28

Ich und du und die Weltwirtschaftskrise

➤ Wenn immer mehr Menschen Angst um ihren Arbeitsplatz haben und über Stress oder gar Burnout klagen, dann ist es wohl auch in deren Innerem derzeit nicht gerade kuschelig. Die Welt da draußen zeigt uns nur, dass einfach alles zu viel ist – für den Einzelnen wie für die Welt als Ganzes. Dabei hat die Krise etwas mit uns zu tun.

In einem spirituellen Sinn wird die Praxis des Ho'oponopono zu einer schleichenden Globalisierung im Denken führen. Wenn die Grenzen im Außen langsam verschwinden, wie es etwa Europa mit seinem Vereinigungsprozess vorgemacht hat, dann lösen sie sich auch in unserem Inneren auf. Wenn wir heute über TV und Internet an den Geschehnissen noch in den entferntesten Ländern Anteil nehmen, dann beginnen wir, uns als etwas Ganzes zu verstehen, als Menschheit – und nicht mehr nur als Individuen. Ho'oponopono ist in der Lage, die Grenzen aufzulösen und die Trennung zu überwinden. Und nun zu den Antworten auf die gestrige Frage: »Was in mir ist in Resonanz zur Weltfinanzkrise?« Hier eine Auswahl möglicher Antworten, vielleicht ist deine ja auch dabei:

- Wenn ich mich frage, was in mir in Resonanz mit der Finanzkrise steht, dann ist es meine Gier. Und die liebe ich jetzt. (Diese Antwort löste Gelächter aus. Wieso? Weil Ehrlichkeit befreit und jeder Mensch schon mal gierig war. Wenn nicht auf Geld, dann auf Schokolade, Aufmerksamkeit oder etwas anderes ... Oder nicht?!)
- Ich habe herausgefunden, dass ich ganz einfach Katastrophen liebe.
- Meine Resonanz ist mangelndes Vertrauen in die Kraft der Liebe. Ich denke insgeheim, dass das Böse ja doch stärker ist. Aber wenn ich diesen Teil in mir liebe, merke ich, dass das Böse nur stark sein kann, solange ich meine Liebe zurückhalte und der Kraft meiner Liebe nicht vertraue. Je öfter ich »Ich liebe mich« zu mir und diesem Gefühl sage, desto deutlicher wird, dass »das Böse« nur gewinnen kann, wenn ich freiwillig darauf verzichte, die Macht meiner Liebe in der Welt wirken zu lassen, wenn ich Verantwortung abgebe und mich selbst klein mache. Es gibt nichts zu tun, außer die Liebe in mir wieder zu aktivieren und mir zu erlauben, auf einem heilen Planeten zu leben.
- Bei mir ist es mangelnde innere Disziplin und Maßlosigkeit. Wenn man jeden Tag mehr und mehr Eiscreme in sich hineinstopft, platzt man auch irgendwann und stirbt. Wenn ich ehrlich bin, halte ich keinerlei Maß mit meinem eigenen Geld und gebe immer ein kleines Bisschen mehr aus, als wirklich sinnvoll ist. Wenn das alle tun, kann es nicht gut gehen. Und wieso sollten ausgerechnet die anderen damit aufhören?

- Bei mir ist es die Angst vor dem existentiellen Ruin. Ich male mir immer ganz haarklein aus, was schlimmstenfalls passieren kann und dass ich nie genug Geld haben werde. Ich gebe diesem Bild einfach viel zu viel Energie. Das Weltfinanzproblem ist nur eine Art Hochrechnung meiner eigenen Situation.
- Ich höre in finanziellen Dingen zu wenig auf mein Herz und zu viel auf den Verstand. So etwas Schwieriges und in seinen Konsequenzen weit Verzweigtes wie Geld sollte man aber nie ohne die innere Stimme verwalten. Unser Verstand ist grundsätzlich überfordert damit.

Übung: *Wir nehmen die ganze Welt in unser Herz*

Beginne – wie immer bei der Herzenstechnik – damit, beide Hände auf deine Brust zu legen. Spüre die Liebe in Form der Wärme, die nun aufsteigt. Lass diese Wärme durch deine ganze Brust fließen. Nun atme in dein Herz und lass den Atem sich vollsaugen mit dem Glitzern und Schimmern der Liebe in deinem Herzen.

Atme diesen Atem der Liebe aus und hülle dich damit ein, bei jedem Atemzug mehr und mehr.

Nun lass diese Wolke der Liebe größer werden. Mit Hilfe deiner Vorstellung gelingt dir das sicher sehr gut. Mach die Wolke so groß wie dein Zimmer, dein Haus, wie deinen Ort oder deine Stadt. Lass diese Wolke sich ausbreiten über dein ganzes Land, und schließlich, wenn es sich für dich richtig anfühlt, nimm mit Hilfe dieser Wolke gleich die ganze Welt in dein Herz.

Bleibe bei diesem Bild, solange es sich gut für dich anfühlt.

Schreibe dir auf, was du bei dieser Übung erlebt hast.

NOTIZEN

TAG 29

Die neue Dimension der Realitätsgestaltung

➤ Unser erstes Buch zum Hoppen hatte den Untertitel: *Die neue Dimension der Realitätsgestaltung aus dem alten hawaiianischen Ho'oponopono.* Ich hoffe, ich konnte dir in diesem Kurs verständlich machen, wie es zu diesem Untertitel kam. Hoppen vermittelt immer mehr Menschen das Bewusstsein, mit allem auf dieser Welt verbunden zu sein, mit dem doofen Nachbarn genauso wie mit der Klimakatastrophe. Dadurch entsteht eine Gemeinschaft, in der sich jeder Einzelne als »Weltbürger« erkennt.

Früher, noch vor 100 Jahren, haben wir uns vorwiegend mit unserer Familie, unserem Dorf oder unserer Stadt identifiziert. Heute öffnen wir uns weit mehr und informieren uns über andere Länder und Erdteile und nehmen auch am Geschehen an weit entfernten Orten teil. Noch nie waren so viele Informationen für so viele Menschen so schnell abrufbar. Diese Anteilnahme an allen anderen Menschen der Erde ist für mich ein starker Hinweis darauf, dass wir als Menschheit immer mehr in die Liebe finden. Ho'oponopono (und für mich besonders das Hoppen) ist ein Instrument dieser Liebe. Durch die Liebe, die in uns allen wächst, wurde diese hawaiianische Vergebungstechnik wieder bekannt und für viele anwendbar.

Beim Hoppen überlasse ich es der Liebe, die beste Lösung für mich und andere zu erzielen. Ich lasse mein Denken beiseite und nehme das Problem in mein Herz. Immer mehr Menschen und Geschehnisse kann ich so annehmen und finde dabei mehr und mehr zu meinem inneren Frieden. Der wachsende Frieden in uns zeigt sich auch daran, dass sich die Grenzen in Europa zunehmend auflösen und wir uns weniger als Deutsche, sondern immer mehr auch als Europäer fühlen.

Für mich persönlich zeigt sich beim Hoppen, dass und auf welche Weise die Probleme in meinem Leben mir selbst entspringen. Ein Problem, das im Außen entsteht, muss mit mir und meinem Inneren in Zusammenhang stehen. Läuft etwas in meinem Leben falsch, dann läuft in mir selbst etwas falsch, in meinem Inneren. Statt zu klagen und zu schimpfen nehme ich das Problem nun in mein Herz und gehe auf die Ebene der Liebe. Die Liebe wird schon wissen, was zu tun ist. Ich vertraue ihr voll und ganz.

Liebe hat eine sehr starke transformatorische Kraft. Erinnere dich an die Zeit deiner ersten Liebe. Die Welt erstrahlte im hellsten Licht. Das Glück sprengte beinahe dein Herz. Ungeahnte Kräfte machten sich in dir breit. Du fühltest dich eins mit deinem Partner, aber darüber hinaus auch mit den anderen Menschen. Diese Verbundenheit mit dem Leben wird heute als »Flow« bezeichnet.

Im Flow verschmelzen wir vollkommen mit dem, was wir tun. Wir vergessen Zeit und Raum, wie ein Kind, das selbstvergessen spielt. Wir fühlen uns verbunden mit unserer Tätigkeit. Boris Becker berichtet davon, bei seinen ersten Siegen in Wimbledon in einer Art »Zone« gewesen zu sein, in der er sein bestes Tennis spielte – ohne nachzudenken. Er war eins mit seinem Spiel. Er war im Flow. Er war ganz im Sein.

Genau dorthin bringt mich auch das Hoppen. Ich lerne, die Menschen in meinem Leben immer mehr anzunehmen, und lehne sie immer weniger ab. Ich lasse mich fließen, folge dem Fluss des Lebens und vertraue darauf, dass dieser Flow mich trägt. Dinge geschehen leicht und einfach. Probleme lösen sich oder treten erst gar nicht mehr auf. Kleine und größere Wunder können geschehen.

Übung: *Bestandsaufnahme meines Lebens*

Als letzte Übung dieses umfassenden Kurses bitte ich dich, eine Art Bestandsaufnahme deines Lebens zu machen.

Wo stehst du heute? Wo standest du vor zehn, zwanzig, dreißig Jahren? Schreib dir deine Erfolge auf, alles, was du erreicht hast. Blicke auf die Menschen um dich herum, die dir guttun, die du liebst und die auch dich lieben. Welche Schwierigkeiten in deinem Leben hast du bereits gelöst und überwunden, welche Hürden in deinem Leben gemeistert? Du bist daran gewachsen. All dies sind große und kleinere Erfolge.

Wenn alles eine Resonanz zu dir hat, dann gibt es glücklicherweise in jedem von uns auch Anteile, die für das Gute in unserem Leben sorgen. Die uns unverhofftes Glück, hilfreiche Zufälle und die Liebe unseres Lebens beschert haben.

Schau dankbar auf dein Leben, deine Erfahrungen und deine Stärken. Sei dankbar für diese Teile in dir, für deine Fähigkeiten, und schenke ihnen ganz besonders deine Liebe, Dankbarkeit und Anerkennung. So machst du diese Teile noch stärker.

NOTIZEN

TAG 30

Dieser Kurs geht zu Ende – aber tut er das wirklich?

➤ Eine kleine Reise kommt heute an ihr Ziel. Wir haben sie gemeinsam gemacht, wenn auch jeder für sich in seinem eigenen Zuhause. Wir waren dabei nicht nur über die Seiten dieses Buches miteinander verbunden, sondern haben uns auch über unsere Gefühle, Gedanken und gemeinsamen Erfahrungen miteinander vernetzt.

Eine wichtige Botschaft des Ho'oponopono lautet:

Wir sind miteinander verbunden.
Es gibt keine Trennung.

Dreißig Tage ist der Zeitraum, von dem man annimmt, dass sich im Gehirn neue Verbindungen zwischen den Nervenzellen knüpfen können. Wenn ich dreißig Tage lang ein neues Denken übe, dann wird es zu einer Gewohnheit, die sich verselbständigt. Ich brauche mich nicht mehr zu quälen, um mich anders zu verhalten. Nein, mein Verhalten wird ein untrennbarer Teil von mir.

Ich wünsche dir, dass du diese Erfahrung nach der Beendigung dieses Kurses für dich machen kannst – dass Hoppen ein Teil von dir geworden ist.

Wie gesagt: Ich empfehle dir, eine eigene Gruppe zu gründen, um mit Freunden regelmäßig zu üben. Auf meiner Homepage www.manfredmohr.de und der Unterseite »Ho'oponopono« findest du etwa zehn Anbieter von Gruppen, denen du dich anschließen kannst. Hier ist auch Wissenswertes zum Hoppen online gestellt. Außerdem findest du Informationen für die Ausbildung zum »Coach für Positive Realitätsgestaltung«, die sehr am Hoppen orientiert ist. Ich biete sie jedes Jahr an, sie umfasst vier Wochenenden.

Die in diesem Buch vorgestellten Übungen kannst du auf deine Art und Weise, so wie es für dich stimmig ist, weiter anwenden. Sei da ganz locker und trau dich ruhig, Übungen auch zu verändern und neue Formen auszuprobieren. Liebe möchte fließen, Liebe ist immer anders, und so dürfen auch diese Übungen von dir neu gestaltet werden.

Hoppen ist eine Technik der Neuen Zeit. Jeder, der sich näher damit beschäftigt, wird erstaunlich schnell in die Lage versetzt, aus eigener Kraft Verbesserungen in seinem Leben herbeizuführen. Jeder von uns hat es selbst in der Hand. Es freut mich für dich, dass du dich für diesen Kurs entschieden hast, und ich danke dir dafür, dass ich dich ein kleines Stück auf deinem Weg zum Glück begleiten durfte.

Ich wünsche dir alles Gute und frohes Hoppen!

In Verbundenheit,

Manfred Mohr

ANHANG

Feedback

➤ Der Kurs ist zu Ende, aber das normale Leben um uns herum geht natürlich unvermindert weiter. Du hast sicher ein Stück weit begriffen, wie eng verschachtelt du und ich und wir alle mit der uns umgebenden Welt sind. Um dich ein wenig aufzumuntern, beim Hoppen und Vergeben auch nach den nun beendeten 30 Tagen am Ball zu bleiben, hier ein paar Feedbacks von Teilnehmern an diesem Kurs. Als alter Fußballfan kann ich dir nur die weisen Worte von Alt-Bundestrainer Sepp Herberger mit auf deinen weiteren Lebensweg geben: *Nach dem Spiel ist vor dem Spiel!* Es geht immer weiter, es stellen sich immer neue Herausforderungen, an denen wir wachsen und bewusster werden können.

»Lieber Herr Mohr,

Danke! Danke! Danke!

Die Antworten zur Weltfinanzsituation treffen mich ganz genau. Tatsächlich versuche ich seit Wochen, das Thema Kaufsucht zu bearbeiten und in den Griff zu bekommen.

Also, vielen Dank für diesen Kurs!«

»Lieber Manfred,

ich bin so begeistert von dem Kurs.

Er ist wirklich etwas ganz anderes und Neues, und ich bekomme so viele großartige Impulse! – DAAAANKE!«

»Lieber Manfred,

ich hatte bisher wirklich ein gutes Leben, aber seit ich das Hoppen kenne und anwende, geschehen Wunder! «

»Lieber Manfred,

ich habe während der 30 Tage ein großes Wunder erlebt. Als Thema hatte ich meinen Bruder gewählt, der seit Jahrzehnten zu niemandem aus der Familie mehr Kontakt hat, ihn in mein Herz genommen und auch meinen Teil an diesem Problem. Bald darauf habe ich erfahren, dass für ihn ein Platz in einer Seniorenresidenz gefunden wurde, genau da, wo wir als Geschwister immer gespielt haben und aufgewachsen sind. Ich werde ihn besuchen und meinen Teil dazu beitragen, dass es in der Familie eine Versöhnung gibt.

Ich möchte noch erwähnen, dass wir beide über 80 Jahre alt sind und bis zum letzten Atemzug lernen können.

Danke für deine Impulse und liebe Grüße.«

»Lieber Herr Mohr,

vielen Dank für den schönen und aufschlussreichen Hoppen-Kurs! Ich freue mich sehr, dass meine Seele mich zu Ihnen geführt hat, denn dieser Schritt lag definitiv auf meinem Seelenweg. Es sind im Laufe des Monats einige Dinge passiert, die mir wichtige Anteile in mir aufzeigten und die ich mir anzeigen lassen und in mein Herz aufnehmen konnte.

Danke dafür!«

Hilfen beim Üben

➤ Neben diesem Buch, das den dreißigtägigen Kurs beschreibt, gibt es noch ein paar andere Werkzeuge, die dir beim Umgang mit dem Vergeben vielleicht hilfreich sein könnten. Hier möchte ich dir ein paar Infos dazu geben:

- Natürlich gibt es bereits einige Bücher zum Hoppen und zu Ho'oponopono von mir. Zuerst sei da unser erstes Buch *Cosmic Ordering – die neue Dimension der Realitätsgestaltung aus dem alten hawaiianischen Ho'oponopono* genannt, in dem Bärbel und ich diese uralte Form von Vergebung wieder einer größeren Aufmerksamkeit zuführen konnten. Das Buch aus dem Jahr 2008 enthält viele Erfolgsgeschichten und ist seit 2014 auch als Taschenbuch erhältlich: *Ho'oponopono – eine Herzenstechnik für Heilung und Vergebung.*
- *Das kleine Buch vom Hoppen – den Weg des Herzens gehen mit Ho'oponopono* beschreibt vor allem viele Übungen für den näheren Kontakt zu deinem Herzen. Es geht besonders darum, die Liebe in deinem Herzen zu entdecken

und sie einzuladen, *den* Teil in dir zu lieben, der mit dem Problem in deinem Außen in Resonanz ist.

- Das Buch *Verzeih Dir! Inneren und äußeren Frieden finden mit Ho'oponopono* geht über das Hoppen hinaus und gibt einen Überblick über das ursprüngliche Ho'oponopono selbst sowie verwandte Vergebungstechniken. Außerdem werden neue Varianten des Hoppens vorgestellt. Zu diesem Buch gibt es auch ein gleichnamiges Hörbuch mit den schönsten, von mir selbst eingesprochenen Übungen aus dem Buch. Als CD erschienen, kann sie über mein Büro bezogen werden.
- In meinem zuletzt erschienenen Buch *Vergeben Versöhnen Verzeihen – Frieden beginnt in uns selbst* gebe ich einen Überblick über die vielen positiven Erfahrungen mit Ho'oponopono der letzten zehn Jahre und stelle vor allem eine ganze Bandbreite von ähnlichen und verwandten Formen der Vergebung vor.
- Außer den Büchern gibt es noch einige Videos von mir auch zum Hoppen und besonders zur Herzenstechnik. Du findest sie auf meiner Homepage www.manfredmohr.de und dort unter Mediathek.
- Wenn du gern das Hoppen von mir persönlich lernen möchtest, bist du herzlich eingeladen zu meinen Vorträgen und Workshops. Die Termine dafür findest du auf meiner Internetseite. Darüber hinaus kannst du gern auch ein Einzelcoaching von mir zum Hoppen bekommen, falls dir ein Thema einmal ganz besonders auf der Seele brennen sollte.

Bonus-Hoppen-Ergebnisse

➤ Nun, als kleinen Anhang, noch drei besonders nette Hoppen-Resultate der doppelten Verständnistechnik, die zu umfangreich geworden sind, um sie als Beispiel für einen der 30 Tage dieses Kurses zu verwenden. Besonders das zweite davon ist aber so nett und fröhlich, dass ich es gern noch an dich weitergeben möchte. Sieh es bitte als Motivation, selbst in scheinbar schwierigen Situationen noch mit einem lachenden Auge hinschauen zu lernen. Und es gibt immer eine Lösung, selbst wenn die Lage ausweglos erscheinen mag.

Auf denn zum ersten längeren Beispiel …

Anfang März 2020, als das Corona-Virus in Deutschland angekommen war, kam mir bei einem Gespräch mit einem Freund die Idee, einfach mal auch dieses »Virus« zu hoppen. Wenn alles mit allem verbunden ist, und davon geht die Weltsicht des Ho'oponopono ja aus, dann muss es auch in mir einen Teil geben, der mit dem äußeren Geschehen rund um das »Virus« in Resonanz steht. Was ist der tiefere Sinn hinter diesem »Virus«? Was hat das alles zu bedeuten? Beim Hoppen verbinde ich mich mit meinem Herzen und stelle dort eine Frage. Dann warte ich, welche Antwort in mir aufsteigen möchte.

Also, die Frage lautet …

Wenn ich der »Virus« wäre – Hoppen von Corona (Beispiel 1)

Wenn ich das »Virus« wäre, würde es mich geben, weil ich ein Ausdruck der Angst und der Krise bin. Das Leben schwebt immer in der Gefahr, zu Ende gehen zu können, und so dreht sich die erste Grundangst um das Leben selbst. Wenn ich mein Leben nur so vor mich hin lebe, dann vergesse ich manchmal seine Schönheit und seinen Wert. Wenn ich das »Virus« wäre, ginge es mir genau darum … daran zu erinnern, welches Geschenk das Leben ist, wie wertvoll es ist und mit wie viel Achtsamkeit, Bewusstheit und Freude es gelebt werden möchte. Wenn ich das »Virus« wäre, würde ich dem Menschen helfen wollen, sich darauf zu besinnen, was ihm wirklich wichtig ist in seinem Leben: seine Familie, seine Freunde, seine Werte, den Sinn, den er in seinem Leben findet.

Um meine Angst zu beruhigen, nehme ich den Teil in mir in mein Herz, der mit Angst zu tun hat. Ich liebe meine Angst, ich liebe meine angsterfüllten Gedanken. Ich gebe diesem Teil in mir Liebe, damit er heilen kann, sich beruhigt und sich anschließend bewusst werden kann, was ihm wirklich wichtig ist in seinem Leben.

Wenn ich ein Mensch wäre, der mit dem »Virus« zu tun hat, dann würde dies geschehen, weil ich mich im Trott meines Alltags verloren habe. Mein Blick geht nicht mehr zum Wesentlichen hin, sondern dreht sich schon viel zu lange nur noch im Hamsterrad meines Alltags. Wenn ich so ein Mensch wäre, der in dieser Zeit gerade lebt, dann möchte ich erinnert werden, was mir wirklich wichtig ist. Die Gefahr, die mit diesem »Virus« verbunden zu sein scheint, möchte mich wachrütteln, damit ich wieder ganz bei mir ankomme, in meinem Herzen, in meiner Mitte, um eigenständig Entscheidungen treffen zu können und ohne mich von der allgemeinen Sorge und Hektik anstecken zu lassen.

Dazu verbinde ich mich mit meinem Herzen. Ich lege beide Hände auf die Mitte meiner Brust, schließe meine Augen und atme einige Male tief ein und aus. Dann stelle ich mir vor, den Teil von mir in mein Herz zu nehmen, der in Resonanz ist mit dem Auftreten des »Virus« da draußen. Ich hülle diesen Teil in Licht und Liebe, damit er sich beruhigen kann und mich wieder zurück in mein inneres Zentrum bringt.

Noch eine kleine Übung dazu:

Ich schließe meine Augen und verbinde mich mit meinem Herzen. Dann sage ich mir innerlich: »Ich erhebe mein Herz, ich atme ein und stelle mir vor, wie alles um mich herum leicht und lichtvoll wird. Ich verbinde mich mit der Freude in meinem Herzen, erinnere mich an besonders schöne Momente in meinem Leben und gehe ganz in das wohlbekannte Gefühl, das in meiner Erinnerung damit verbunden ist. Ich gehe in das Gefühl von Freude und Leichtigkeit.«

Und diese Übung mache immer dann, wenn du merkst, dass du dir zu viele Sorgen machst.

Das Schwein Veronika (Beispiel 2)

Im zweiten Beispiel dreht sich alles um ein Schwein namens Veronika, das von einem Bekannten von uns in den Hausstaat mit aufgenommen worden ist. Dieser Freund bewohnt seit ein paar Monaten mit seiner Familie und seiner Mutter einen großen Bauernhof. Teil der neuen Wohnsituation ist auch ein kleines Hausschwein, Veronika eben.

Das Schwein und die Mutter verstehen sich leider gar nicht. Die Mutter ist sogar richtig wütend auf das Schwein, denn es hat die Angewohnheit, einmal im Monat jeden, der des Weges kommt, extrem sympathisch zu finden, und dann denkt es nur noch an Sex. Meistens nimmt es mit dem Bürostuhl vorlieb oder dem Garteneimer, aber es springt auch Menschen an, wenn es so drauf ist. Und an einem solchen Tag kam die Mutter daher, ging aufs Grundstück, traf aufs Schwein, und dabei muss sie dann irgendetwas Traumatisches erlebt haben. Seitdem ist sie überzeugt, das Schwein wolle sie umbringen, und will von dem Vieh möglichst nichts mehr sehen. Unser Freund musste ihr hoch und heilig versprechen, im neuen Haus irgendwie eine Situation zu schaffen, in der sie vor dem Schwein behütet bleibt. Am liebsten wäre ihr sogar, wenn Veronika den Hof verlassen würde. Aber das kommt aus verschiedenen Gründen überhaupt nicht in die Tüte. Zunächst schon mal deshalb, weil der Rest der Familie dieses Schwein inniglich liebt. Zweitens, weil man sich ja ausmalen kann, was andere Leute mit einem Schwein normalerweise machen würden. Und drittens ist dieses Schwein eine Art Glücksschwein für die Familie geworden.

Ein Kompromiss wird sein, dass Veronika im Sommer auf der Wiese lebt und nicht ins Haus kommt. Im Winter jedoch wird das nicht gehen, denn dieses Schwein ist ein ausgesprochenes Weichei und braucht es warm und kuschelig. Bisher liegt es immer im Haus am Ofen. Wenn man es bei kaltem Wetter fünf Minuten draußen lässt, fängt es gleich an zu heulen, das geht also nicht. Daher wird die gute Veronika eben doch, wie jetzt schon, bei unserem Freund durchs Haus traben. Die Mutter könnte dann total die Krise kriegen.

Nun genug der Vorgeschichte, kommen wir zur Lösung. Wie kann eine solche Situation gehoppt werden? Hast du schon eine Idee? Was würdest du fragen? In diesem Fall gibt es sogar drei Fragemöglichkeiten. Erstens die Sicht des Schweins, zweitens die der Mutter und drittens die von unserem Freund.

Wir fragten uns also …

***Frage 1:** »Wenn ich das Schwein wäre, womit hätte ich mir das erschaffen?«*

Mögliche Antworten

»Wenn ich das Schwein wäre, hätte ich mir die Situation erschaffen, weil ich ganz einfach mit Artgenossen leben will. Ich habe es dicke, allein unter Menschen zu sein, und das will ich den Menschen klarmachen.«

»Wenn ich das Schwein wäre, dann wollte ich durch mein Verhalten signalisieren: Da ist dringend ein zweites Schwein nötig! Schweine gehören zu Schweinen und Menschen zu Menschen. Die arme Sau will doch nur Kontakt, sonst würde sie draußen bleiben. Sie fühlt sich einfach allein.«

»Wenn ich das Schwein wäre, dann würde ich dauernd ›die Sau rauslassen‹ in meinem Verhalten, da ich quasi antiautoritär erzogen worden wäre und keine Grenzen kenne. Die Mutter zeigt mir jetzt aber erstmals meine Grenzen auf, die ich respektieren sollte. Denn genau so funktioniert Erziehung nun einmal.«

Frage 2: *»Wenn ich die alte Mutter wäre (der Sohn ist auch schon rund fünfzig Jahre alt), und ich würde zu meinem Sohn und seiner Familie ziehen wollen, weshalb würde ich mir so ein Problem dann erschaffen?«*

Mögliche Antworten

»Wenn ich die Mutter wäre, dann hegte ich Groll auf mich selber und auf mein Leben. Ich hasse es, dass ich niemanden habe außer meinem Sohn und dass ich mich bei ihm so dranhängen muss. Sein Lebensstil ist ganz und gar nicht der meine, aber ich werfe ihm das nicht vor, er kann ja leben, wie er will, dazu sage ich nicht viel. Ich werfe es mir selber vor, dass ich mich in diese Lage gebracht habe. Mich nervt auch das dauernde Umziehen. Wahrscheinlich zieht mein Sohn bei seinem exotischen Lebensstil als Nächstes sowieso auf den Mars und hält sich glibberige Marsstinkmuffel als Haustiere oder sonst was. Und wer wird wieder hinterher ziehen? Ich! Und ich hasse mich dafür.

Mir stinkt was ganz anderes – aber darüber kann und will ich nicht sprechen.

Ich halte meinen Sohn für stur. Wenn ich weiter da hineinfühle, habe ich den Eindruck, dass ich mir eigentlich zum Vorwurf mache, wie ich ihn erzogen habe. Von selbst ist er ja nicht so geworden, und er sollte vielmehr auf mich eingehen. Da kommen Sätze wie: ›Ich hätte damals schon …‹ Und wenn ich mir das verzeihe, kommt ein Gefühl in mir auf, dass ich eigentlich doch mag, wie er ist.«

»Wenn ich als Oma mir so eine Situation erschaffen würde, dann deshalb, weil ich lernen wollte, dass ich mich auf eine völlig neue Lebensweise einlassen kann, die nicht meinem Perfektionismus entspricht, mir also auch ›Schweinereien‹ in meinem ›klinisch sauberes Leben‹ beschert.«

»Wenn ich die Mutter wäre, dann würde ich denken: ›Ich muss auf meinen Sohn aufpassen. Ich habe schon immer gesagt, mach keinen Quatsch, ein Hausschwein, das macht man doch nicht – was sagen die Leute!!!‹

Und das Herz sagt mit wohlwollender Stimme: »Jaja, mein Sohn, er ist ein Kind geblieben.«

»Als Mutter möchte ich besonders behandelt werden, wenn ich da bin. Deshalb muss dieses Schwein schleunigst weg.«

»Als Mutter will ich durch meine Forderung eine gewisse Macht gegenüber meinem Sohn und seiner Familie ausüben. Ich möchte respektiert, gesehen und wichtig sein.«

»Durch diese Wohnsituation bekomme ich die Möglichkeit vom Universum, über meinen eigenen Schatten zu springen, einer Angst begegnen und sie so lösen zu können. Das hat etwas mit diesem schmutzigen Tier, mit Nähe und Berührung zu tun.«

»Ich als Mütter hätte mir dies erschaffen, damit ich einen Zustand habe, der mich nicht wirklich glücklich sein lässt – anders ausgedrückt, so habe ich immer was zu nörgeln und zu zicken.«

Frage 3: *»Wenn ich der Sohn wäre, weshalb und womit würde ich mir so ein Problem erschaffen?« Alternativ kann man sich auch fragen: »Was in mir ist in Resonanz damit, dass so ein Problem in meinem Umfeld auftaucht?«*

Mögliche Antworten

»Ich habe mir als Sohn vorgestellt, ich hätte ein Schwein und es würde meine Mutter überfallen. Dann kommt bei mir sofort das Gefühl auf, dass ich noch irgendeinen uralten unbewussten Groll gegen sie hege. Das ist viel zu lange her oder viel zu absurd, um heute noch sauer zu sein, und so habe ich es total verdrängt. Deshalb bricht auch kein offener Konflikt aus, sondern ich hetze unbewusst und energetisch mein Hausschwein auf sie, das auch prompt den Befehl ausführt.«

»Wenn ich den Teil, der das erschaffen hat, in mein Herz nehme, merke ich, es war eh alles Quatsch. In Wahrheit gibt es etwas in meinem Leben, was mir nicht passt. Ich bin wütend auf mich selber, und wie üblich lasse ich es an dem Menschen aus, der mir am allernächsten steht. Wenn ich dazu wieder Liebe sende, zieht Frieden in meiner Seele ein. Dann merke ich, alles was ich tun muss, ist Selbstliebe zu praktizieren.«

»Meine Mama nervt manchmal echt. Und das Schwein hält sie mir ein bisschen von der Pelle!«

»Ich bin selbst nicht ganz im Reinen mit meinem ›Versprechen‹, meine Mutter mitzunehmen. Ich nehme sie mit, weil ich denke, ich muss, aber nicht, weil ich mich darüber freue. Wenn ich mir das verzeihe, werde ich innerlich ruhiger.«

»Ich halte meine Mutter für eine Zicke, und sie bestätigt mir das mit ihrem Verhalten. Wenn ich mir das verzeihe, merke ich allerdings, dass ich manchmal auch zickig oder stur bin. Dann werde ich gelassener mit mir selbst. Damit strahle ich mehr Frieden aus.«

»Ich habe irgendwie Spaß daran, ein bisschen exzentrisch zu sein. Ich will kein Spießer sein, sondern freue mich vielmehr darüber, meine Vorlieben komplett ausleben zu können. Deshalb hat auch ein Teil in mir Spaß daran, dass meine Mutter und mein Schwein sich nicht verstehen und dadurch ulkige Situationen entstehen.«

»Ich würde mich insgeheim darüber ärgern, dass ich es jedem recht zu machen versuchen, meiner Mutter, meinem Schwein, und dabei viel zu wenig an mich denke. Ich würde ferner gerne Verantwortung für andere übernehmen. Wenn ich mir das verzeihe, beginne ich zu spüren, dass ich nicht für alle die Verantwortung habe und den anderen die Verantwortung für sich selbst lassen kann.«

»Wenn ich der Mann wäre, der seine Mutter unter diesen Umständen zu sich nehmen würde, dann täte ich das deswegen, weil ich eigentlich einen gewissen Abstand zu meiner Mutter haben möchte und mir so im Haus eine ›Oma-freie Zone‹ schaffe, wo ich dann auch meine Privatsphäre hab. Mein Schwein würde mich dabei nicht stören.«

»Wenn ich der Sohn wäre, würde ich denken: Es ist meine Mutter, ich trage die Verantwortung, ich kann Sie doch nicht allein lassen, das würde ich mir nie verzeihen.

Und das Herz sagt: ›Meine Mutter ist alt genug, ihr eigenes Leben zu leben.‹«

»Ich als dieser Sohn habe die Tendenz, Verantwortung für alles zu übernehmen. Wenn ich da hineinspüre, dann tue ich dies, um ständig das Gefühl zu haben, gebraucht zu sein, sowohl vom Schwein wie von meiner Mutter.«

»Wenn ich der Sohn wäre, soll ich auf diese Weise lernen, mich durchzusetzen, klar meine Meinung zu äußern und zu mir zu stehen. Ich soll lernen, dass weder meine Mutter noch sonst jemand mich ständig akzeptieren sollen, nur, damit ich ein gutes braves Kind bin. Hier habe ich die Möglichkeit, auch mal das Risiko einzugehen, ›nicht geliebt zu sein‹ und solche Gefühle auszuhalten.«

Nachdem wir im Freundeskreis dieses Thema gehoppt hatten und die Antworten an den Sohn geschrieben waren, kam folgende Entgegnung von ihm an uns zurück: »Jetzt komme ich endlich mal dazu, euch zu antworten. Die Kommentare sind wirklich total entzückend, und auch oftmals sehr, sehr zutreffend. Es macht total Spaß, die zu lesen. Jetzt bin ich nur noch im Konflikt, ob ich sie meiner Mutter weitergeben soll – die weiß natürlich gar nichts von der ganzen Aktion.«

Unsere Antwort darauf war: »Nee, nee, so funktioniert das auch gar nicht. Du darfst dich jetzt hinsetzen und ihr hoppt das selber und schaut, was bei euch kommt. Es kann gut sein, dass ihr noch einen ganz anderen zusätzlichen Aspekt findet oder eine Variation. Ändern kann sich nur was, wenn DU das, was DU IN DIR findest, auflöst, indem du zu dir selbst sagst: Ist OK, ich verzeihe mir das, wenn es was zu verzeihen gibt, und ich liebe mich selbst trotzdem.«

Hoppe es, so oft du magst, bis du ein gutes Gefühl der Sache gegenüber hast und eine Lösung siehst oder sich die Lösung von allein zeigt. Deiner Mutter würde ich keinen Ton davon sagen. Sie hat – quasi – gar nichts damit zu tun. Aus Sicht des Hoppens hast *du* dir die Situation erschaffen, und deine Mutter spielt nur eine Rolle in deinem Theaterstück. So wie du auch eine Rolle in ihrem spielst. Aber wenn du jetzt den Wunsch hast, ein anderes Theaterstück aufzuführen, brauchst du nur die Resonanz in dir zu heilen, dann spielen automatisch alle das neue Stück.

Der Mann trinkt Alkohol (Beispiel 3)

Eine Teilnehmerin des Kurses schrieb mir:

Lieber Manfred Mohr,

ich freue mich jeden Morgen auf die Nachricht von Ihnen. Und ich bin dankbar dafür, dass dieser Kurs stattfindet. Jeden Morgen bin ich dankbar für meine Kinder, meine Gesundheit, die Fülle in meinem Leben, meine Familie, die Möglichkeit, an dem Kurs teilzunehmen, und dass meine Freunde auch den Kurs machen und wir uns darüber austauschen können.

Es stellt sich mir aber dennoch eine Frage: Mein Mann trinkt fast jeden Tag Alkohol. Ich glaube auch, dass mein Mann so viel trinkt, um Probleme in seinem Leben zu verdrängen. Das wühlt mich so auf, es lässt mich wirklich verzweifeln. Ich reagiere äußerst gereizt, ebenso wie mein Mann, sobald das Thema bei uns aufkommt. Es ist ein großes Streitthema in unserer Ehe. Was also ist in mir, was den Alkoholkonsum in meinem Mann hervorruft?

Inwiefern bin ich daran beteiligt?

Ich habe darauf geantwortet, dass es bei diesem Beispiel zwei Fragen der doppelten Verständnistechnik gibt und wir beide Seiten anschauen. Wenn ich dieser Mann wäre, warum würde ich öfter Alkohol trinken? Und wenn ich die Partnerin wäre, warum würde das in meinem Leben stattfinden?

Es ergaben sich wieder mehrere Antworten.

Wenn ich dieser Mann wäre, der häufig Alkohol trinkt, dann würde ich das tun, weil:

- Alkohol für mich Genuss und Wohlstand bedeutet; ich kann es mir leisten, es geht mir gut damit und ich freue mich daran. Es bedeutet für mich Lebensfreude.
- Ich habe einen harten Arbeitstag hinter mir und Alkohol entspannt mich, ähnlich wie Fernsehen. Es bringt mich runter und bringt mich zu mir.
- Ich trinke Alkohol, damit ich meinen Verstand bedusele und meine Probleme auf diese Weise verdränge, weil ich sie nicht anschauen möchte (das ist ihre Antwort).
- Mein Großvater hat auch immer abends sein Weinchen getrunken und ist damit über achtzig Jahre alt geworden. Ich bewundere ihn und eifere ihm damit ein Stück weit nach.
- Es fällt mir dadurch einfach leichter, meine unzufriedene und nörgelnde Frau zu ertragen. (Entschuldigung)

Wenn ich die Partnerin dieses Mannes wäre, dann würde mein Mann in der beschriebenen Weise Alkohol trinken, weil:

- ich in meiner Familie das Thema seit meiner Kindheit kenne und für mich innerlich noch nicht gelöst habe. Ich lehne Alkohol wegen meiner schlechten Erfahrungen damit ab, und meine Ablehnung zieht in der Resonanz das Verhalten meines Partners an. Die Liebe heilt meine Ablehnung, wenn ich sie einlade.
- ich alles besser zu wissen glaube als er. Ich will ihn ständig vor sich selbst schützen. Meine Einflussnahme stört aber die Eigenentwicklung meines Mannes, und er baut durch den Alkohol eine Grenze zwischen mir und ihm auf, um sich zu schützen.

- ich mir zu viele Sorgen um meine und seine Gesundheit mache und ihm damit seine Lebensfreude raube. Durch den Alkohol holt er sich Freude zurück.
- ich zu sehr sein Leben lebe statt meines eigenen und in Gedanken viel mehr bei ihm bin als bei mir.
- ich manchmal sehr an meinem Leben leide und gern auch mal Alkohol trinken würde, weil ich es nicht mehr aushalte. Ich erlaube mir das aber nicht, und mein Mann tut es dann stellvertretend für mich.

Ich hoffe, es sind ein paar Antworten dabei, die Ihnen etwas sagen. Immer nehme ich dann den Teil in mein Herz, der mit dem Verhalten meines Mannes zusammenhängt. Es ist spannend, Empathie für meinen Mann zu entwickeln, heilen tut aber immer die Liebe und das Herz. Und ich hoffe, es ist okay, wenn ich in den Antworten so offen bin.

An Tag 26 gab es ein Erfolgsbeispiel, als eine Frau, deren Mann alle paar Wochen zwei Bier trank, das Thema heilte, indem sie einfach einmal in Betracht zog, dass das Verhalten dieses Mannes etwas mit ihr zu tun hatte. Da sie mit diesem Mann zusammenlebt, kann sie sein Verhalten nicht als völlig von sich getrennt ansehen. Das wünsche ich Ihnen auch.

Bibliografie

Bücher von Manfred Mohr

Bestellung nicht angekommen: Die größten Irrtümer beim Wünschen, Goldmann Verlag, München 2014

Bestellungen beim Universum heute: Neues Wünschen in einer neuen Zeit, Omega Verlag, Güllesheim 2018

Danke für die Lieferung: Wie das Universum uns immer aufs Neue beschenkt, Goldmann Verlag, München 2015

Das kleine Buch vom Hoppen, Schirner Verlag, Darmstadt 2013

Das Wunder der Dankbarkeit: Wie Wertschätzung das Leben verwandelt, Verlag Gräfe und Unzer, München 2012

Das Wunder der Selbstliebe: Ein Jahresbegleiter auf dem Weg zu deinem Herzen, Tischaufsteller, Verlag Gräfe und Unzer, München 2013

Deine Zahlen, deine Sterne: sich selbst erkennen, andere verstehen, Omega Verlag, Güllesheim 2019

Der Bambus-Effekt: Durch gefühlvolle Akzeptanz über sich selbst hinauswachsen, Knaur Verlag, München 2017

Die Wunderkraft des Segnens, Nymphenburger Verlag, München 2015

Endlich zu Hause in mir: Das 7-Schritte-Programm zur Selbstliebe, Knaur Verlag, München 2018

Gebete ans Universum: Wie wir Hilfe für die wirklich wichtigen Dinge im Leben erhalten, Goldmann Verlag, München 2016

In 30 Tagen hoppen lernen, Lebensraum Verlag, Bramberg 2015

Jetzt trage ich dir nichts mehr nach. Vergebung schaffen in 30 Schritten, Vorwort von Jana Haas, AMRA Verlag, Hanau 2020

Mit dem Herzen segnen, Koha Verlag, Burgrain 2014

Vergeben Verzeihen Versöhnen – Frieden beginnt in uns selbst. Neue Anwendungsformen der Herzenstechnik Ho'oponopono, Vorwort von Jeanne Ruland, AMRA Verlag, Hanau 2019

Verzeih Dir! Die schönsten Meditationen, um Frieden mit sich selbst und anderen zu schließen, Hörbuch, Ullstein Verlag, Berlin 2014

Verzeih Dir! Inneren und äußeren Frieden finden mit Ho'oponopono, Ullstein Verlag, Berlin 2014

Wunschkalender 2021 (mit Pierre Franckh), Koha Verlag, Burgrain 2020

Bücher von Bärbel und Manfred Mohr

Bestellungen aus dem Herzen: Wie die Liebe den Wünschen Kraft verleiht, Omega Verlag, Aachen 2010

Cosmic Ordering: Die neue Form der Realitätsgestaltung nach dem alten hawaiianischen Ho'oponopono, Koha Verlag, Burgrain 2009

Fühle mit dem Herzen und du wirst deinem Leben begegnen, Koha Verlag, Burgrain 2007

Das Wunder der Selbstliebe: Der geheime Schlüssel zum Öffnen aller Türen, Verlag Gräfe und Unzer, München 2011

Ho'oponopono: Eine Herzenstechnik für Heilung und Vergebung, Koha Verlag, Burgrain 2013

Ausbildung zum Coach für positive Realitätsgestaltung

In jedem Jahr bietet Manfred Mohr die Ausbildung zum *Coach für positive Realitätsgestaltung* an. Sie wendet sich an alle, die intensive Versöhnungsarbeit auf lockere und leichte Weise üben möchten. Übungen zum Bestellen, zur Selbstliebe wie auch zum hawaiianischen Ho'oponopono sind wesentliche Bestandteile der Ausbildung. An vier Wochenenden werden vier Schwerpunktthemen behandelt:

1. *Heilung von Beziehungen: Ho'oponopono, das hawaiianische Vergebungsritual*
2. *Meine Beziehung zu mir selbst (I): Das Wunder der Selbstliebe*
3. *Meine Beziehung zu mir selbst (II): Wieder fühlen lernen*
4. *Meine Beziehung zum Universum: Wochenendseminar Wunscherfüllung*

Wer die Ausbildung alternativ in Form von zwei knapp einwöchigen Ferienseminaren absolvieren möchte, kann die beiden Seminarwochen »Selbstliebe und Wunscherfüllung« sowie »Selbstliebe – Wieder fühlen lernen« im Haus Lichtquell in Todtmoos besuchen. Ho'oponopono ist Teil von beiden Wochen, die jeweils im Frühling und im Herbst stattfinden. www.lichtquell.de

Näheres dazu findet sich unter www.manfredmohr.de, Stichwort »Ausbildung«.

Dr. Manfred Mohr ist promovierter Chemiker und arbeitete lange Zeit in beratender Tätigkeit für die Wirtschaft. Heute ist er als Autor und Seminarleiter tätig. Er zählt mit mittlerweile mehr als zwanzig Büchern zu den produktivsten und bekanntesten Schriftstellern im Genre Lebenshilfe. *Das Wunder der Selbstliebe* erschien im Jahr 2011 und machte ihn auch einer breiteren Öffentlichkeit bekannt. Im Mittelpunkt seiner Arbeit stehen außerdem das hawaiianische Vergebungsritual Ho'oponopono, die Wunscherfüllung sowie die Wunderkraft des Segnens. Inzwischen sind weit über eine Drittelmillion Bücher von ihm auf dem Markt, sie wurden in sieben Sprachen übersetzt. Manfred Mohr war mit der im Oktober 2010 verstorbenen Bestsellerautorin Bärbel Mohr verheiratet und lebt mit ihren gemeinsamen Zwillingen in der Nähe von München. Er führt ihr geistiges Erbe weiter.

www.manfredmohr.de

*»Mehr als ein Buch – ein Portal,
ein Transportsystem, ein Umordnen des
Geistes. Und lustig ist Gary auch noch!«*

H. Ronald Hulnick

Gary R. Renard
DIE LIEBE VERGISST NIEMANDEN
Antwort auf das Leben
288 Seiten, gebunden, oranges Leseband
€ 22,99 [D] / € 23,70 [A] • ISBN 978-3-95447-036-5

Es ist möglich, die Illusionen des Alltags aufzulösen und reine, vom Geist durchdrungene Liebe zu leben. Der Weg besteht darin, eine falsche Erfahrung durch eine wahre zu ersetzen, nämlich die, ganz eins zu sein mit der Quelle. Gary R. Renard lehrt, wie wir zu dieser Erfahrung gelangen können. Ein echter Kickstart für spirituelles Bewusstsein!

Gary R. Renard
DEINE UNSTERBLICHE REALITÄT
Wie wie durch wahre Vergebung unsere Welt neu gestalten
320 Seiten, gebunden, oranges Leseband
€ 22,99 [D] / € 23,70 [A] • ISBN 978-3-95447-193-5

Wie können wir unsere Realität frei und positiv gestalten? Wie können wir uns selbst und anderen verzeihen? Die Antwort ist eine Art Quantenvergebung, im Gegensatz zur herkömmlichen Variante. Sie ermöglicht einen völlig neuen Umgang mit der Welt, außerhalb des zerstörerischen Kreislaufs von Schuld und Sühne.

Der Klassiker »Unsterblich« mit einem neuen Vorwort.

Cindy Lora-Renard
EIN KURS IN GESUNDHEIT UND WOHLBEFINDEN
Heile dich selbst durch das Wunder der Vergebung
176 Seiten, gebunden, oranges Leseband
€ 19,99 [D] / € 20,60 [A] • ISBN 978-3-95447-399-1

Vom Umgang mit Schmerz bis zur Erzielung von Gesundheit reichen die Anleitungen, die Gary Renards Co-Trainerin und Ehefrau anbietet. Sie übersetzt dabei den »Kurs« in eine leicht verständliche Sprache. Anschauliche Erklärungen und viele neue Übungen helfen dabei, uns auf diesen rechtgesinnten Weg zu begeben und uns selbst und die Welt anders zu sehen.

Mit einem Vorwort von Gary R. Renard.

Auch als Hörbuch-Download und zum Streamen.

Alle Bücher auch als eBooks auf www.AmraVerlag.de

»Nur in deiner Wahrnehmung glaubst du, du bist von allem getrennt. Es geht also darum, deine Wahrnehmung zu ändern und die Welt so zu sehen, wie der reine Geist sie sieht. Dann kannst du vergeben – der Welt und dir.«

Gary R. Renard

ALS JESUS UND BUDDHA SICH KANNTEN
Bericht über zwei mächtige Weggefährten
320 Seiten, Hardcover mit Leseband, € 24,99 [D]
ISBN 978-3-95447-246-8 (auch als eBook erhältlich)

Die Aufgestiegenen Meister Arten und Pursah sind zurück. Ihr neues Buch ergänzt die ursprüngliche Trilogie, bestehend aus *Die Illusion des Universums*, *Deine unsterbliche Realität* und *Die Liebe vergisst niemanden.* Es erkundet sechs Inkarnationen von Jesus und Buddha, in denen sie gemeinsam lebten. Nie waren ihre Gespräche so relevant für die Gegenwart.

ONLY LOVE IS REAL
Music for Making the Universe Disappear
61 Minuten, Amra Records, € 19,99 [D]
ISBN 978-3-95447-181-2 (mit Lyrics im Booklet)

Fünfzehn Songs, darunter die Titelmusik der geplanten TV-Serie »Die Illusion des Universums«, gesungen von Cindy Lora-Renard. Zwei davon entstanden gemeinsam mit ihrem Ehemann Gary. Mal kristallklar, mal melancholisch, dann wieder schamanisch und irisch, aber immer durchdrungen von tiefer Liebe.

INNERER FRIEDEN DURCH LIEBE & VERGEBUNG
Ulrich Bohnefeld im Gespräch mit Gary R. Renard
85 Minuten, Amra Cinema, DVD-Box, € 19,99 [D]
ISBN 978-3-95447-173-7 (einzige deutsche Produktion)

Liebe und Vergebung sind die zentralen Themen unserer Zeit. Was ihrer Umsetzung im Wege steht und wie man sie dennoch erreichen kann, davon spricht Gary R. Renard auf seine unnachahmlich humorvolle Weise. Dabei vertieft er die wesentlichen Inhalte seiner bisherigen drei Bücher.

Gary R. Renard, geboren in Massachusetts, USA, war ein erfolgreicher Profi-Gitarrist, bevor er Anfang der 1990er durch ein Erweckungserlebnis auf den spirituellen Weg geführt wurde. Nach Erscheinen seines ersten Bestsellers »Die Illusion des Universums« trat er zunehmend als Vortragsredner, Kursleiter und spiritueller Lehrer in Erscheinung.

Textauszüge und Hörproben auf www.AmraVerlag.de • Überall im Handel!